ちくま新書

メディア

佐藤卓己
Sato Takumi

1530

メディア論の名著30【目次】

凡例

・「名著」は三人の日本人の著書を除けば、他はすべて外国語文献で、翻訳のあるものから選んだ。複数の翻訳がある場合、実際に私が読んだテクストを採用した。
・翻訳書から引用文を引いているが、文中に省略箇所がある場合、（……）で示した。（前略）や（後略）は省略した。引用文中の改行は省略した。
・引用では翻訳書の訳文を尊重し、殆ど手を加えていない。なお、補足や説明は［　］内に記述した。
・引用文中の強調は特記しない限り、引用者による。
・言及した論文、書籍などは著者名「タイトル」（刊行年）で表記したが、本書の読書案内的性格を考慮し、単行本刊行年の後に文庫本レーベル名を入れた。たとえば、吉見俊哉『「声」の資本主義――電話・ラジオ・蓄音機の社会史』（一九九五、河出文庫）である。
・外国語文献で翻訳がある場合は『タイトル』（原著刊行年、邦訳刊行年）で表記した。邦訳の文庫本がある場合は単行本刊行年の代わりに文庫レーベル名を入れた。たとえば、ジョン・デューイ『公衆とその諸問題』（原著一九二七、ちくま学芸文庫）である。

はじめに――私の選書方針

「歴史学」は現在から過去を解明し、「メディア論」は現在から未来を展望する。本書はメディア史家である私が、自らの研究で本当に役に立った書物を読者に開示することを目的としている。世間一般の人気投票的な選書ではなく、かなりわがままな選書である。それにもかかわらず、選書には苦労した。「メディア論」の対象範囲よりも、「名著」の定義と「30」という冊数に絞り込むのが難しかった。何を「メディア論」と呼ぶかも人それぞれだろうが、私の基準ははっきりしていた。

一、メディア論とは比較ミディウム論である。つまり、狭義な新聞論、テレビ論など個別ミディウムに関する書物は除く。

二、メディア論とはメディア史である。つまり、純粋な理論研究、フィールド研究は除く。

三、メディア論は長い射程の文明論である。つまり、選挙分析など短期的な調査研究は除く。

この三つの条件でかなり絞り込めたが、そもそも何を「名著」と呼ぶべきか、その定義ははっきりしない。一般的には関連学界での評価も高く、時間の経過に耐えて残った古典ということになるだろう。たとえば、「著者が亡くなった後も読み継がれている著作」ならわかりやすい。ただし、大学でマス・コミュニケーション研究が本格化したのが第二次世界大戦期であるメディア論の場合、「新しい古典」が比較的に多い。そのため、必ずしも著者の物故にはこだわるべきではないだろう。

一方で、学説史の定番だが必ずしも読まれていない古典も存在する。メディア研究の初学者にも開かれた入門書という本シリーズの企画趣旨からすれば、こうした「読まれざる名著」を列挙すべきではないだろう。

ちなみに、本書に先行する「メディア論の名著」本として、井上俊・伊藤公雄編『社会学ベーシックス6　メディア・情報・消費社会』(二〇〇九)と難波功士『メディア論基本の30冊』(二〇一一)がある。二三冊の「基本文献」を扱う前者で私はリップマン『世論』を執筆した。後者には拙著『現代メディア史』が取り上げられている。「名著」選択に際して、こうした先行本を強く意識したのは当然である。前者が対象を「社会学」に限定しているため、本書では歴史学や政治学にも視野を広げた。後者が「現役日本人の著作」を多く含むのに対しては、本書では「外国文献」を中心にしている。なお、両書で重複採用された名著は以下五冊である。オング『声の文化と文字の文化』、リップマン『世論』、キャントリル『火星からの侵入』、ブーアスティン『幻影(イメジ)の時代』、マクルーハン『メディア論』。この五冊は本書でも取り上げており、読者にはぜひ先行両書の記述とも読み比べていただきたい。なお、より広範な選書リストとしては東京経済大学コミュニケーション学部監修『コミュニケーション学がわかるブックガイド』(二〇一四)もあり、上記五冊をふくめ本書の選書と重なりも少なくない。

この「名著30」の選書にむけて、私が書斎の専用書架に並べた図書は優に一〇〇冊を超えていた。学界や読書界での評価が高い著作はほぼ網羅したと思ったが、「初対面」での好感がまったく消失していたものも少なくなかった。

最初は三〇冊の配列を、私がその名著に出会った順番に執筆しようかとも考えた。それではかなり無理が生じることに気づいた。結局、わが「内なる図書館」(↓30)の配架順に、第一章「大衆宣伝＝マス・コミュニケーションの研究」、第二章「大衆社会と教養主義」、第三章「情報統制とシンボル操作」、第四章「メディア・イベントと記憶/忘却」、第五章「公共空間と輿論/世論」、第六章「情報社会とデジタル文化」と並べた。

冒頭で述べたように、本書は「メディア史家」である私自身が読んで自分の研究に役立ったかどうかを選書の基準にしている。それゆえ、私の作品との関連、それを読んだ当時の経緯にもふれている。その人の書架がその精神生活を反映するとすれば、本書はまさしく読書人としての「私の履歴書」である。それゆえ、「いかにして歴史学徒はメディア論者となったか」、そうした自伝的な読み方もあるいは可能だろう。つまり、私が大学で西洋史を学び、ドイツ新聞学に出会い、東京大学新聞研究所（現・情報学環）助手となり、同志社大学社会学科新聞学専攻や国際日本文化研究センターを経て現在京都大学大学院教育学研究科にいる軌跡が選書にも記述にも大きく影響している。研究者ひとり一人にそれぞれの「名著30」があるだろう。若い読者から、次世代の『メディア論の名著30』の著者が現れることを切に願っている。

Ⅰ 大衆宣伝＝マス・コミュニケーションの研究

1　ジャン＝マリー・ドムナック『政治宣伝』（原著刊行年　一九五〇）
――反ナチ宣伝とカトリック宣教

ドムナック（一九二二―一九九七）　フランスの左翼的カトリック思想家。エコール・ポリテクニク教授。『野生人とコンピューター』など多数。

†プロパガンダの季節、青春のメディア

なぜ私はメディア史家になったのだろうか。中学と高校での二つの出来事が想い起こされる。一九七二年、私はイエズス会系の私立中学校に進学した。政治的には早熟な少年だった。日中国交回復直後の友好ブームの中で、私は文化大革命に関心を抱き、毎月北京から送られてくる『人民中国』『中国画報』を購読し、北京放送に毎晩耳を傾けていた。反抗期の少年に「造反有理」のスローガンは魅力的であった。この国策宣伝の雑誌とラジオというメディアに魅せられ、やがて幻滅したという青春の原体験、それは私のメディア研究の起点なのだろうか。

そう考えると、私が京都大学大学院文学研究科に提出した修士論文が「宣伝政党・ドイツ社会民主党と大衆プロパガンダ『真相』」（一九八五）であり、東京大学助手となって最初に書いた論文がラジオ国営化問題を扱った「ワイマール期ドイツ社会民主党の「ニューメディア」観と「教養」の崩壊」（一九九〇）だったことも偶然ではないように思える。この雑誌論文とラジオ論文は博士論文『大衆宣伝の神話――マルクスからヒトラーへのメディア史』（一九九二、ちくま学芸文庫）の第四章と第五章になっている。

さて、私は中学二年でその私立進学校から地元の公立中学に自主転校し、県立高校に進んだ。むろん、「中二病」の挫折は癒えていなかったので、「京大で中国史を学び研究者になる」と進路指導でも繰り返した。高校二年生のある日、いまでいうキャリア教育なのだろうが、クラスメートの名前入りの封筒がくばられた。担任教師はその宛名の彼／彼女にふさわしい職業とその理由を書いて提出するよう指示した。後日、私が受け取った封筒には綺麗な文字でこう書かれた紙片が入っていた。

「ジャーナリズムやマスコミの研究者。関心がありそうだし、詳しそうだから」。

一九七〇年代後半、まだ「メディア」は高校生が使う一般語ではなかった。私が使っていた『試験にでる英単語』（青春出版社、一九七九）に medium は名詞「媒介」、形容詞「中位の」で立項されていたが、その複数形 media の記載はなかった。むろん直接「君だよね」とたずねたりはしなかったが、その文字に見覚えはあった。彼女も私の志望校が京大文学部と知っていたはずだから、その内容は意外だったが、彼女の目にそう映っているのかと思うと悪い気はしなかった。むしろ嬉しかったのかもしれない。その結果、私がメディア研究者となったとすれば、それは他者からの期待が学習成果を高める、いわゆる「ピグマリオン効果」（R・ローゼンタール）といえるだろう。もっとも本当に彼女が書いたのか、あるいはその文面も私の記憶通りなのかも、今となっては確認のしようがない。だが、たとえそれが私の思い違いだったとしても、その記憶は進路の岐路において「予言の自己成就」（R・マートン）として機能したのだろう。

†カトリックのプロパガンダからレーニン型・ヒトラー型へ

一九八〇年に京都大学に入学した直後、本書に出会った。大学正門前にあったナカニシヤ書店には、大学のテキストからドイツ語のレクラム文庫まで教養書が所狭しと並んでいた。そこに足を踏み入れたとき、はじめて大学生になったと実感した。教科書とは別にそこで最初に購入した新書が、この「文庫クセジュ」（白水社）である。それ以後、このシリーズを「読むべき本」として何冊も購入したが、大半はほぼ購入時のままの状態で書架に眠っている。私にとっての「文庫クセジュ」はエンツェンスベルガーが「消費財としての教養」（→2）で述べた通り、インテリ向け「精神安定剤」なのである。しかし、本書だけは付箋をつけ、余白に書き込みながら熟読した形跡が生々しい。いや、本書に出会わなかったなら、研究方向も大きく変わっていたのかもしれない。

さらに言えば、迂闊（うかつ）にも同じ著者だとわかったのはずいぶん後なのだが、『世紀末を越える思想』（原著一九八一、一九八四）などは大学院時代に読んで感銘を受けた。そのおかげで一九八〇年代を「フランス現代思想」にかぶれることなく過ごせたとすれば、ドムナックは私にとって思想的な恩人である。

ドムナックの青春は、私などとは比較を絶するプロパガンダ体験に染まっている。一九四一年リヨン大学在学中、対独レジスタンス運動を組織し、四三年にはパルチザン教育班員として地下に潜り、四五年には『武器を取れ――フランス国内軍雑誌』の編集長をつとめている。戦後はカトリック左派の月刊誌『エスプリ』の編集長、ジャーリスト研究センター教授などを歴任した活動的知識人である。思想と大衆を結びつけようとする姿勢は、本書以後の著作にも貫かれている。

「宣伝」という言葉は、今日でこそ虚偽、欺瞞、情報操作など否定的なニュアンスで使われることが多い。しかし、本来は一六二二年に三十年戦争で反宗教改革運動を推進すべくローマ法王グレゴリウス一五世が設立した布教聖省 Sacra Congregatio de Propaganda

Fideに由来する神聖な宗教用語であり、フランス革命以後は啓蒙的使命感を帯びた政治エリートの政治用語だった。ドムナックはそれを今日の概念に変えた二人の「宣伝の天才」の言葉から書き起こしている。レーニンは「肝要なのは、人民のあらゆる層のなかでの扇動と宣伝である」と述べ、ヒトラーはこう語った。

「宣伝によってわれわれは権力を保持しえたし、宣伝によってわれわれは世界制覇の可能性もえられよう」

さらに、「マス・コミュニケーション研究の四学祖」の一人である政治学者ハロルド・ラスウェルの『プロパガンダ、コミュニケーション、パブリック・オピニオン』（一九四六）から次の言葉を引いている。

「プロパガンダは大衆（マス）のための言語である。それはラジオ、新聞雑誌、映画が伝達することばなり他の表象なりをもちいる。プロパガンディストの目的は、プロパガンダをかけられる諸点、世論の対象となる諸点についての大衆の態度に影響をあたえることである」。

マス・コミュニケーション研究も世論調査研究も、まずプロパガンダ研究として始まったわけだが、ドイツ社会民主党史を対象に卒業論文を書こうとしていた私にとって重要だったのは次の指摘である。

「忘れてならないのは、大衆政党が社会民主主義によってつくりだされたことである。それにそのころ［一九世紀］からさかんに使われるようになった相当数の宣伝技術（分列行進、シンボルなどの）を試用したのもこの社会民主主義である。」

このため、ドイツ社会民主党のメディア史である博士論文『大衆宣伝の神話』を執筆するまで、本書は文字通り「座右の書」であった。ドムナックはセルゲイ・チャコティン『大衆の強奪——全体主義政治宣伝の心理学』（原著一九三九、二〇一九）がナチ宣伝の威力を科学的に解明した「唯一の基礎的な述作」として繰り返し引用していた。チャコティンは条件反射理論のパブロフの下で助手をつとめていたがロシア革命後に亡命し、ワイマール共和国末期にドイツ社会民主党員として反ナチ宣伝を指導した人物である。

私の博士論文を構成する宣伝雑誌論（第四章）とラジオ放送論（第五章）について先に触れたが、それに続く第六章「〈鉤十字〉を貫く〈三本矢〉」のシンボル闘争論はチャコティン『大衆の強奪』の記述を批判的に検証したものである。私のメディア研究を方向づけた「名著30」の最初の一冊はやはり本書でなければならない。

†デモクラシーの神話と世論

ドムナックは自らのレジスタンス活動に照らし合わせつつ、共産主義とナチズムの政治宣伝から抽出した「定則と技術」を以下五点にまとめている。

①単純化し、敵を一つだけにしぼる定則――主張を明確化し、シンボルへと集約する。ナチズムの反ユダヤ宣伝の有効性を示すために、ヒトラーの次の言葉を引いている。「われわれはみなわれわれ自身のなかにユダヤ人を抱えている。しかし眼にみえる敵をやっつける方が眼にみえぬ悪魔をやっつけるよりも容易である。」

②拡大・歪曲の定則――自らの主義主張を「大衆的用語」に書き換える。知識人は条件付きの主張をしがちだが、それでは大衆の信用は得られない。細部を無視した断言こそが有効なのである。

「群衆の好評を期待せんとする者は「自分が政権をとったら官吏の収入は多くなり、家族手当は大幅にふえる」などといわずにむしろ「万人が幸福になる」といった方がよい。」

③オーケストレーションの法則――同じテーマを多様な形式で繰り返す。第三帝国の啓蒙宣伝大臣ゲッベルスの次の言葉が引かれている。

「カトリック教会は二千年来おなじことを繰返しているからこそもちこたえているのだ。ナチス国家はこのように行動しなければならない。」

④移入の定則――宣伝の役割は先有傾向の補強にある。こうした議論は「限定効果論」（→4）の発想に近い。宣伝の限界を理解した上で、大衆がすでに抱いている感情に働きかけることの重要性について、リップマン『世論』（→21）から引用する。

「大事なことは、群衆のなかにあらわれた素朴な態度に、示そうとするプログラムを、ことばにより、いろいろな感情をくみあわせることによって、結びつけることである」

⑤全員一致と感染の定則――個人を集団に埋没させて、同調圧力を利用する。自らのレジスタンス体験において、チャコティン『大衆の強奪』が提唱した街頭宣伝の手法を実践したことも告白している。それはノエル＝ノイマン『沈黙の螺旋理論』（↓23）の世論観とほとんど同じである。

「相当数の世論というものは、実のところ、順応主義的付加物にすぎず、当人が、自分ののべる意見はまさしく自分の周囲でみなが一致していっている一般的意見なのだという印象をいだくことによって維持されているにすぎない」

こうしたテクニックの分析も有用だが、今日まで名著たりえているのは、第六章「神話、虚偽、事実」、第七章「世論と宣伝」、第八章「デモクラシーと宣伝」で示されるプロパガンダの哲学的考察のためだろう。

ドムナックはプロパガンダの機能は政治的である以上に詩的であるという。神話は「民衆に過去の偉大さとより良い明日を夢みさせる」ために利用される。それは「未来についての共通の空想」であり「救済の約束」である。この神話世界に人々を導き入れるためには、「虚偽」や「いかさま」はむしろ有害で、「事実」の報道こそ不可欠なのだ。その点で、第二次世界大戦下のイギリス国民に「爽快なる戦争」ではなく「汗と血と涙」を約束したチャーチルの政治的天才を高く評価している。

のちに私は『輿論と世論——日本的民意の系譜学』（二〇〇八）を書くわけだが、本書の第七章「世論と宣伝」を学生時代に読んでいたことをその時は忘れていた。しかし、メディアの機能として「世論反映」より「輿論指導」の役割を重視する私の議論に本書が影響を与えていることも明らかだ。

「それ［宣伝］は個人の意見を解放し、公けに発表させるように促す。そしてこの発表された意見を保護して、集合的な意見、人を引き寄せる確信にみちた意見という論理的、精神的、社会的な諸条件をつくりだす。」

個人はその属する集団の平均的意見に自然に結びつくとき安心感を抱き、そうでない場合には孤立感を覚える。ドムナックはここにプロパガンダが輿論形成で助産婦あるいは保護者として果たす役割を見出している。「デモクラシーは力の均衡に立っている」と信じる政治的リアリストとして、ドムナックはデモクラシーに政治宣伝は不可欠だと主張している。

「真のデモクラシーは、人民が事情に通じているばあいにのみ、かれらが公共の生活を知り、それに参与するようにしむけられているばあいにのみ存在する。」

政治宣伝の不在は、人々を政治から遠ざけることになるというのだ。政治への参加感覚をデモクラシーの指標とするならば、民主主義的コミュニケーションのためにこそプロパガンダは必要である。そう語るとき、カトリック知識人としての信仰が垣間見える。「人は真になにものかを信じていいるとき、それを他人にも信じさせようとするものである。（……）宣伝は自己を信じ、自己の使命と未来とを信じる社会の当然のデモンストレーションなのである」。（強調は原文）

ちなみに、ローマ教会が「布教聖省」の名称からpropagandaを取り除き、「福音宣教省」Congregatio pro Gentium Evangelizationeと改称するのは第二バチカン公会議後の一九六七年、本書刊行から一七年後である。ドムナックは以下の言葉で本書を結んでいる。「真実は、存在し征服するためには一定の風土を必要とする。あらゆる問題が大衆の言葉をもって提起される時代において、宣伝の力をかりないでそういう風土、そういう勢力圏をつくりだすことができると信じてもむだである。それは、世論の純潔性というような神秘めいたものによって宣伝を排撃しさえすれば詐欺師の企てを失敗に終らせることができると信じてもむだであるのと同じである。」

本書はフランス「百科全書」の香りを残す文庫クセジュにおける傑作の一つである。戦後長らく「禁書扱い」が続いたチャコティン『大衆の強奪』が日本語で読めるようになった今日、ぜひとも復刊して欲しい一冊だ。

Jean-Marie Domenach, *La propagande politique*, Que sais-je? ; 448, Presses universitaires de France, 1950.

（邦訳：小出峻訳、白水社・一九五七）

2 ハンス・マグヌス・エンツェンスベルガー『意識産業』（原著刊行年 一九六二）
——消費財としての教養

エンツェンスベルガー（一九二九—）ドイツの詩人、批評家。ラジオ局勤務を経て編集者・作家。『メディア論のための積木箱』など多数。

†「文化産業」論の超克——知識人のかかわり方

私が大学に入った一九八〇年当時、まだ「左翼」はほどほどにカッコよかった。少なくとも知的に見えた。私は野田宣雄（のぶお）先生が担当されていた基礎演習「西洋史学ゼミナール」に二年間参加した。いまでいうシラバス『学修指針と教養部案内』には、「ヨーロッパ近・現代史に関する欧米の基礎的文献を邦訳によって読み、討議する」とだけ記載があった。むろん同じ科目なので二年目は単位にならないのだが、そんなことはどうでもよかった。先生と一緒に「名著」を読みたかったのだ。参加者は四人ぐらいだったから毎月一回ぐらい担当も回ってきた。私がレジュメを作って報告したのは、ヘーゲル『歴史哲学』、マイネッケ『近代史における国家理性の理念』、シュペングラー『西洋の没落』などドイツ史関係のものが多かった。周知のごとく、先生は論壇では保守系文化人として知られていたわけだが、不思議なことに参加者には左翼学生が多かった。そのため、マルクス・エンゲルス『空想から科学へ』、レーニン『帝国主義論』、プレハーノフ『歴史における個人の役割』、グラムシ『獄中ノート』なども私はこのゼミで読んだ。いまとなっては、そうした左翼文献を読む必要があったかどうか、その判断は微妙だ。こうした「左翼本」中ただ一つ、アナーキズム的要素の強い本書だけは、いまでも読んでおいてよかったと思っている。……と、現在の私の立ち位置（執筆二二回の『中央公論』と同二回の『世界』の間ぐらいか）から回想するわけだが、よくよく考えてみると、先生の眼には当時の私も「奇妙な左翼学生」と映っていたのだろう。その頃、定期購読していた雑誌は『流動』だったのだから。若い人には耳慣れない雑誌だろう。大澤聡「『流動』――新左翼系総会屋雑誌と対抗的言論空間」（竹内洋・佐藤卓己・稲垣恭子編『日本の論壇雑誌――教養メディアの盛衰』二〇一四）を参照していただきたい。

エンツェンスベルガーのメディア論文としては、保守派によるマクルーハン（↓29）利用に対抗して、ベンヤミン（↓16）やブレヒト「ラジオ理論」の遺産をラディカルに活用することを提案した「メディア論のための積木箱」（一九七〇）の方が知られているかもしれない。だが、この著者独特の魅力はそこにはない。身近な素材を意外な角度から切り取って見せるアングルの妙味を堪能できるのは何と言っても本書である。

「意識（ベヴストザイン）産業」という言葉は、ホルクハイマー&アドルノの「文化（クルトゥーア）産業」論（『啓蒙の弁証法』所収）を超克するために作り出され言葉である。そもそも資本主義よりも共産主義の方が階級意識の形成や大衆意識の操作をはるかに重視した政治体制なのだが、既成左翼は資本主義社会の大衆文化に批判を集中してきた。だが意識産業の最先端領域では、もはや商品や販売という「文化」形式そのものが不要になっていると、エンツェンスベルガーは言う。国営か民営かに関係なく、意識産業は現存する支配関係を永遠のものとすべく、人々の意識を誘導し搾取している。

「政治力の蓄積が、富の蓄積よりも重要なのだ。強奪されるものは、もう労働力だけではない。判断し、決定する能力までが、奪いとられる。廃止されるのは、だから、搾取ではない。搾取という意識なのだ。」

　むろん、「文化産業」を批判する左翼批評家たちも、商品を提供する産業側とそれを待望する大衆側の共犯関係までは気づいていた。しかし、自分たち知識人こそ意識産業に「根元的エネルギー」を与える生産者であること、それゆえ自らも共犯者であるという自覚に欠けていた。自分たちも共犯システムの一部に組み込まれていながら、自分たちはその影響は受けていないようにふるまえるエリートの鈍感さが問題なのだ。認知心理学的にいえば、メディアの影響を自分より他人（第三者）に対して大きく見積もる傾向、いわゆる「第三者効果」（W・デーヴィソン）とも関連するだろう。

「自発的にしろ強制的にしろ、あるいは、意識的であれ無意識的であれ、知識人は、ひとつの産業の共犯者になるのだ。その産業の運命は知識人にかかっている。知識人がその産業の運命にかかっているように。」

フランクフルト学派の文化産業論に欠けていたのは、批判的である自分たちも文化産業に依存しているという自覚である。文化産業と知識人との共犯関係を直視する「意識」を知識人に求めるためにも、「意識産業」という新造語は必要だった。ラジオ、映画、テレビ、レコードなど狭い大衆文化に批判を集中した文化産業論を超えて、高級ジャーナリズム、ファッション、宗教、観光旅行、教育などに批判の射程は伸びている。

†保守的高級紙の「二枚舌」とインテリ的報道誌の「ナチ話法」

総論の「意識産業」に続き、保守系高級紙の政治記事を扱った「タマゴ踊りとしてのジャーナリズム」、インテリ向けニュース週刊誌の文体を論じた「『シュピーゲル』のことば」、ニュース映画を分析した「破片の世界」、ポケットブック生産を考察した「消費財としての教養」、通販カタログを扱った「消費者の国民投票」、観光旅行の存在理由を問う「旅行の理論」、以上六つの各論で本書は構成されている。

私が本書から学んだことは、メディアを「中立的な媒体」ではなく「共犯的な媒体」として考える反省的視点である。その意味でも、この「名著30」シリーズのような教養新書を論じた「消費材としての教養」が最も印象的なのだが、それ以外の各論の切り口についても簡単に紹介しておきたい。

二番目の「タマゴ踊りとしてのジャーナリズム」では、保守的高級紙『フランクフルター・アルゲマイネ』の影響力をトップ記事、報道政策、傍注(グロッセ)などを他の各国高級紙と比較分析している。タマゴ踊り(アイアタンツ)は、床に置いた卵を壊さないように踊る芸術的ダンスのことだが、態度をはっきりさせない慎重な論述を揶揄する表現として使われている。ここでは、新聞が一定の傾向にそって読者を誘導する「二枚舌戦略」を指している。新聞読者は多忙であり、慎重に記事内容を分析したり前提となる事実を再検討するような暇を持ち合わせていない。こうした読者を欺瞞するテクニックが「二度使用された羊皮紙(パリムプセスト)」方式である。それは書かれた文字の下に、先に書かれた文字が透けて見える状態を利用する情報操作法である。

「まず読者の眼につくのは、尊敬すべき立派なテキストであり、そのヴォキャブラリーには、上品でデモクラティックな信念を推測させるものがある。が、ヨリ厳密に眼をすえてみると、はじめてその下から、第二のテキストがみえてくる。それはもともと——しかも読者にはそれと気づかれぬように——ひとに押しつけておく必要のあるものなのだ。この第二のテキストは、第一のテキストの美ワシキ口調をもって告げるあの諸原則［法と公正、英知と正義］への、まさに底なしの侮蔑によって口移しされたものである。」

こうした紙面は、不遜であると同時に奴隷的、威厳に満ちていると同時に卑屈、荘重であると同時にシニックである。それは『フランクフルター・アルゲマイネ』だけの特徴ではなく、ジャーナリズム全般に当てはまる。ある批評家が不遜で威厳に満ち荘重な文章だけをそこに書いていたとしても、同じ紙面に奴隷的で卑屈でシニックな文章が並ぶ可能性は高い。その紙面全体の中で自分がどのような役割を演じているのか、その自覚が批評家には必要なのである。

三番目の「『シュピーゲル』のことば」は、ドイツ国内では最も注目された刺激的コラムである。『シュピーゲル』はアメリカの『タイム』『ニューズウィーク』に相当するドイツのニュース週刊誌だが、「いわゆる世論形成グループ、たとえば教師、ジャーナリスト、高級サラリーマン、学生代表、それに市会議員から大臣にいたる政治家たち」を含むインテリ読者を多く擁していることで知られている。

「雑誌というものは、自分が存在していくための土台として、読者を生産する。雑誌は、こうした読者のために対象を均質化するだけでなく、雑誌そのもののために読者をも均質化してしまう。」

このように読者を調教する『シュピーゲル』話法とは、情報と注釈を分離不能な「ニュース・ストーリー」形式に流し込んで伝えるものだ。細切れにした情報素材を受け入れやすい全体像にまとめたニュース・ストーリーは、多忙な読者が自ら情報を綜合する労力を省く形式であるため大いに歓迎された。それが『シュピーゲル』の成功因である。

しかし、それは「この情報は解説記事の形でのみ報道すべし」と新聞に指定したナチ第三帝国宣伝省の手法と同じである。ナチズムの反省から戦後のドイツ新聞界で規範とされていた「情報と意見の明確な分離」に逆行するものだ、とエンツェンスベルガーはいう。ドイツ国民のナチズム体験に厳しく反省を迫る『シュピーゲル』の記事が、ナチの語り口と同じだというのである。さらに問題なのは、大半の読者が細分化されたディテールの正確さから「『シュピーゲル』は客観的だ」と信じていることである。

「かれらはある錯覚にさからえなかったのだ。客観的とは、つまり、ストーリーにはまったく適用しえない規準だ。ストーリーのできばえにとって決定的なものは、まさにその効果だけである。」

こうして語られることがらをアイマイにする『シュピーゲル』は断じて報道誌ではない。それが提供するものは批評ではなく、その代用品であり、その読者は、態度決定を促されるのではなく、惑わされることになる。それにもかかわらず、というよりそれゆえに、「権力者にヘイコラしない唯一の雑誌」としてドイツ連邦共和国にとってなくてはならない「公的機関」となっている、というのである。

このコラムはもともと一九五七年二月に南ドイツ放送のラジオ・エッセイとして発表され、放送後にセンセーションを巻き起こした。興味深いのは『シュピーゲル』の対応である。エンツェンスベルガーが「追記」で書いているように、『シュピーゲル』は反論するでも無視するでもなく、「この原稿の部分的な掲載許可」を求めてきた。この追記も、自らの文化批評が「意識産業」の生産ラインに組み込まれた実例として反省的に示しているわけである。

†消費財としての教養——ポケットブック生産の分析

ウェブ時代の今日、ニュース映画（四番目）はすでに「情報産業の最も有力な装置のひとつ」ではなく、通販カタログ（六番目）も「店頭にならばないベストセラー」ではなくなった。「旅」から「観光」への産業化を論じた「旅行の理論」（七番目）は、ブーアステイン『幻影（イメジ）の時代』（↓18）と問題意識の重なる部分も多い。ただし、観光旅行についての次の一節はいかにもエンツェンスベルガーらしいので引用しておきたい。観光旅行の参加=動員のメカニズムに、ユダヤ人絶滅の「福祉国家」、第三帝国の記憶を重ねている。

「観光旅行は総動員のパロディーだ。観光旅行の司令部は、まえもって軍隊の動きを決定する参謀本部に似ている。古き良き時代の案内者が下僕にすぎなかったとすれば、今日の「ガイド」は隊長づらをしている。（……）休暇（フェーリエン）の安息所（ラーガー）の背後には、ぼくらの時代がその責任をとらねばならぬあの収容所（ラーガー）の監視塔がたっているのだ。」

　第三帝国から西ドイツに引き継がれたシステム社会化を鋭く見据えている。だが、これまで私が繰り返し参照してきたのは、五番目の「消費財としての教養」である。「メディアとは広告媒体である」を前提としてテキスト『現代メディア史』（一九九八）を書き始めたとき、一番悩んだのは書物を扱う第三章「出版資本主義と近代精神」だった。「書物には広告はない」「マス・メディアではない」という反論も予想できた。だが、本書を読んでいた私は文庫や新書、いわゆるポケットブックに焦点を絞ることで「広告媒体（メディア）としての書物」を論じることができた。

「ポケットブックの外観を規定するのは、ただイラストレーターの装丁デザインにたいする才能だけでなく、なによりもまず、調査と商略をともなった販売心理学の要請である。

ポケットブックの外観そのものが、それ自身の広告（プラカード）となり、宣伝文がそこに貼りつけられる。」

こうして画一的に大量生産・大量販売されるポケットブックこそ、「消費財としての教養」の広告媒体（メディア）でもあった。その「読者」論がすばらしい。ローヴォルト・ポケットブック出版社が実施した読書調査の結果が紹介されている。ポケットブックの購買者は、二〇代を中核とした大都市の住民であり、男女比は二対一、労働者、農民の購入は著しく低い。つまり、購買者の大半をホワイトカラーとその予備軍が占めている。彼らの生活様式に不可欠なものは自家用車、スーパーマーケット、ポケットブックの三点である。彼らは本の価格の安さゆえにではなく、発行部数の多さゆえに安心して購入する。その量が質を保証するのだ。

だが、彼らが購入した一万部の半分以上は読まれず、せいぜい頁をめくられただけで書架に投げ込まれる。読了された四分の一も理解されているかどうか判ったものではない。それは消費財としての書物が役に立たなかったことを意味しない。むしろ、安価で大量発行される教養書は買い集められることによって、その所有者に知識の獲得という幻想を与えている。知識社会への移行のなかで、アイデンティティの不安や社会的信用への渇望を抱く高学歴中間層は、精神安定剤としてポケット判教養書を買い集め、「意識産業」のプロセスに組み込まれている。当時のドイツでオルテガ『大衆の反逆』(原著一九三〇)がポケットブックで「古典」として一六万部も発行されたことは「興味深いパラドクス」の一例である。オルテガを理解しようとする読者は、精神の貴族を自負する少数者に限られる。だが、それは読まない読者が大量に購入することによって、「少数の真の読者」に補助金を与える効果をもたらしている。

むろん、本書もズーアカンプという「学術新書」の一冊として刊行された。この読者論が「少数の真の読者」だけに読まれること、それはエンツェンスベルガーにとって想定内のことだろう。私もこの『メディア論の名著30』がどう読まれるかは理解している。それゆえ、次のように書いたとしても問題はあるまい。大衆化した大学で本当に勉強する学生はごくわずかかもしれない。しかし、大量の学生の存在が「少数の真の学生」に迂回的な奨学金を与えている。それは果たして悪いことなのかどうか。

Hans Magnus Enzensberger, *Einzelheiten I. Bewusstseins-Industrie*, Suhrkamp Verlag, 1962.
(邦訳:石黒英男訳、晶文社・一九七〇)

3　小山栄三『新聞学原理』（一九六九）――ドイツ新聞学とアメリカ世論調査

小山栄三（一八九九―一九八三）立教大学社会学部教授。戦前の宣伝学、戦後の広報学の第一人者。日本世論調査協会会長、日本広報協会理事長。

†新聞学は「鴨学」「鶏学」なのか

現在の大学で「原理」や「原論」と名の付く講義はどのくらい開講されているのだろうか。『社会学原理』や『歴史学原論』などの書名も新刊ではまず見かけない。学問の細分化ゆえだろうが、体系立った魅力的な概論との出会いは僥倖（ぎょうこう）だろう。実際、私が大学入学後に志望専攻を東洋史から西洋史へ変えたきっかけは、野田宣雄先生の「歴史学概論」に魅せられたからである。

私の卒業論文は「ドイツ社会民主党における国家と階級の対位法――改良主義者グスタフ・ノスケの場合」だった。ノスケは第一次大戦後のドイツ革命を鎮圧したワイマール共和国初代国防大臣であり、共産党から「血に飢えた犬（ブルートフント）」と罵倒された社会主義者である。

私の関心は、ノスケが労働者から党機関紙記者を経て代議士になった「メディア政治家」であったことだった。卒論執筆で一番困ったのは、新聞や雑誌の研究方法が皆目わからなかったことである。京都大学にはメディア研究の講座も教員も存在しなかった。まず図書館に行って「ジャーナリズム」や「マス・コミュニケーション」の教科書を自分で探すことから始めた。そして、私が知りたいことが書いてあった唯一の本こそ、戦前のドイツ新聞学（ツァイトゥングスヴィッセンシャフト）の成果をまとめた本書だった。「マルクス主義の法王」カール・カウツキーの次の言葉に初めて出会ったのも本書である。

「手工業徒弟は新聞を必要としない。彼が生活していたささやかな関係に対しては口頭の通信で十分である。現今の賃金労働者の巨大な大衆を結合して、組織を形成させ、統一ある行動に導くには新聞の援助なくしてはまったく不可能である」。

この言葉は私が卒業論文の「メディア政治家」研究から修士論文の「宣伝政党」研究へ進む上で道標となった。政党組織論とメディア論を合体させるという私の博士論文の構想もここが起点と言えるかもしれない。

いずれにせよ、ジャーナリズムやメディアの研究者もいない京都大学だったから、私は「自分で考えること（ゼルブストデンケン）」（いわゆる京都学派のモットー）を実践できた。もし学生時代に誰かマスコミ研究者に直接教えを求めていたとすれば、地下書庫に眠る本書と出会うことはなかっただろう。戦前に出た『新聞学』（三省堂、一九三五）の改訂版である「旧世代の教科書」という評価は当時も今も同じである。

とはいえ小山以後、ひとりで「マス・コミュニケーション学原理」や「メディア学原理」のような体系書に挑戦した日本人研究者はいない。戦後は多くの大学に新聞学科やマス・コミュニケーション学科が設置されたため、新聞学の存在意義を「原理的」に主張する必要はなくなった。しかし、新興の科学を打ち立てようとした戦前の小山には「原理」を高唱する必要性があったのである。それまで日本で刊行された新聞学関係書が随筆的感想か技術的解説にとどまり、科学的分析、理論的統一、事実検証に欠けていた、と戦前版の冒頭で述べている。

「甚だしきに至つては「新聞学は学問にならない」と云ふやうな言葉が往々新聞実務家の口からさへ発せられることである。」

実際、一九二七年に東京帝国大学文学部教授会は「新聞学講座」新設案を「純学理上の研究」にそぐわない「新聞学なるものの学問としての性格」を理由に否決していた。海外でも、一九三〇年第七回ドイツ社会学会の公開シンポジウム「新聞と輿論」に際して、会長F・テンニースは研究対象があまりに狭く定義されている新聞学を「結局、鴨学や鶏学は存在せず、これらは動物学に属している」と冷笑した。こうした批判に対してドイツ新聞学は固有の研究対象と独自の研究方法を示すべく、その体系化に努めた。固有の研究対象「新聞」は、新聞紙にとどまらず「現実的な情報をそのメッセージに含む限りにおいて」ポスター、雑誌、映画、ラジオなどあらゆる公示媒体に拡大された。こうした一九三〇年代ドイツ、つまりナチ第三帝国期の新しい成果の上に、小山は「ヂャーナリズムに関する全面的現象を組織して科学的体系を樹立しようと企図した」のである。

†戦中＝戦後を貫くドイツ新聞学の射程

ドイツ新聞学は「独立科学」として固有の学問対象の存在を強く主張する必要があったため、新聞（ニュース）に関するさまざまな哲学的な議論を繰り返した。たとえば、新聞は「現代に関する情報を、バックミラー的に与える生きている歴史」であり、「世界史の秒針（ゼクンデンツァイガー）」あるいは「日刊の年代記」であり、「現代の事物化（ザツハリツヒカイト）、相貌（フユジオグノミー）、もしくは兆候（ズュムプトマーティク）」と評された。小山はアフォリズムも総動員して新聞（新聞紙ではない）をこう定義する。

「社会的事実は新聞によって初めてわれわれの意識に凝結される。したがってわれわれにとっては、新聞に示された世界が真実であって、新聞に示されない実在はむしろ虚偽なのである。ファイヒンガアの「真実とは最も合目的な誤謬に過ぎない」という言葉は、新聞にもっともよくあてはまる。新聞は「偽りから真を作り出す」。全然虚無の事実でも、新聞が事実として報ずれば社会的に実在性をもつこととなる。」

現代風に言えば構築主義的思考だが、「ポスト真実」時代の今こそ向き合うべき文章である。しかし、学生時代の私が衝撃を受けたのは、やはり本書の前提、すなわち「ファシズム宣伝」と「民主主義世論」の同一性である。第一章第二節「戦争と新聞研究」では、第一次世界大戦下のドイツの大学で新聞学が制度化され、第二次世界大戦下のアメリカでマス・コミュニケーション研究が体系化されたことが概観されている。

小山は「ナチ新聞学の旗手」ハンス・A・ミュンスターを特に高く評価していた。確信的なナチ党員教授だったミュンスターの言葉、「現在まで新聞学の中心点になっていたものは世論であった。将来も同様であろう」を戦後版でも引用し、第三帝国認定の新聞学教本『新聞と政策』(原著一九三五、一九四〇)でミュンスターが示した「マス・メディアの樹木図」(内閣情報部訳の戦前版では「公示的表現活動の樹木図」)を掲載している。ミュンスターの詳細については、拙稿「ドイツ新聞学——ナチズムの政策科学」(『ファシスト的公共性——総力戦体制のメディア学』二〇一八)をお読みいただきたい。

ミュンスターの体系図では公示手段が五感(触覚、聴覚、視覚、嗅覚、味覚)の延長上に配置されており、メディアを人間拡張としてとらえたマクルーハン『メディア論』

（↓29）の発想にも近い。ただし、小山は「マス・メディアに使用されるものは視覚、聴覚およびその複合である」と要約した上で、色彩や音響については原理的記述にとどまっている。たとえば、音響についてこう述べている。

「音響は視覚に比べると影をもたない。だから音は空間を構成しない。空間の物体は相互におおいかぶさって独立性をもつが、音響は相互に融合して別なものになる。音は空間局限をもたずその場所を示さない。」

学生時代の私はこれをただ「かっこいい文章」としてノートに書き取っていた。いま読むとメイロウィッツ『場所感の喪失』（↓24）も連想する。その意味で小山が受容したドイツ新聞学の原理は、アメリカのマス・コミュニケーション研究ばかりか、トロント学派のメディア論まで包み込む可能性を秘めていた。

これこそ戦前はナチ新聞学の、戦後は科学的世論調査の第一人者として、情報局からもGHQからも小山が重用された理由だろう。それは「総力戦体制の学知」の連続性と言える。小山は戦時中の普及版『新聞学』（一九三八）の冒頭で新聞の使命をこう宣言していた。

「現代に於て、新聞は、たゞに利潤を生み出すところの「商品」であり、民衆の操縦法として宣伝煽動に用ひられるところの「紙製の弾丸」であるばかりではなく、それは又、我々の日常の生活に必需な「精神的糧（かて）」でもある。」

この「精神的糧」が登場する文章は、戦後版『新聞学原理』で次のように書き改められている。「宣伝煽動」や「紙製の弾丸」の文字は消えるが、意味する内容は寸分も変わっていない。

「新聞の使命は、なによりもまず、敏速に環境の変化を民衆に伝えて民衆に行動の指針を与え、民衆の日常の生活に必需な「精神的糧」となることである。」

いずれにせよ、小山は社会を組織化する媒体として新聞をとらえている。社会の組織力を「命令」と「指導」に分けた上で、新聞は「指導性」を発揮するメディアだという。

命令―権力支配―物理的力―絶対的―強制的―指定的―拘束的意思―自由なし。

指導―権威支配―心理的力―相対的―暗示的―選択的―任意的意思―自由あり。

この分類の記述も戦前版と同じであり、小山がナチ党機関紙を「命令」的、アメリカの新聞を「指導」的と考えていたわけではない。ナチズムとニューディールが「参加＝動員」型の指導コミュニケーション・モデルを共有しているとすれば当然である。

†プロパガンダ＝マス・コミュニケーションの体系化

新聞が「無冠の帝王」と呼ばれるほどに指導性を発揮する理由を小山は一三ほど列挙し

ている。新聞の権威性（印刷が生む過信性）、新聞の反復性（暗示を強化する）、新聞の敏速性と現実性（熟慮の時間を与えず反射的反応を促す）、新聞記事の感覚化（群衆はイメージで考える）、新聞記事の目的選択（読者の意識内容を素材で規定する）、新聞の匿名性（神の声のごとく伝える）、新聞記事の誇示性（結果だけ伝える）、新聞の無責任性（教唆罪のない教唆）、主張目的の明示性（判断へ読者を導く）、主張目的の親和性（読者の関心を引く）、新聞記事の暴露性と煽動性（反対意見を退ける）、新聞記事の変圧性（風刺や側面攻撃などで外圧に対応する）、紙面の構成（モンタージュ）による暗示的形式化（読者の第一印象を支配する）である。

　戦前と戦後で新聞の性格も変わったと考えるのが一般的だろうが、小山はこの記述も戦前版と戦後版でまったく変えていない。それは戦前のプロパガンダと戦後のマス・コミュニケーションを同じものだと考えているためである。小山は「PRと同じく第二次世界大戦後アメリカから輸入された新しい言葉」マス・コミュニケーションをこう解説している。

「世論指導の手段に関しては、第二次世界大戦まではもっぱら宣伝（Propaganda）という言葉が使用されていた。しかし両大戦を通じ、事実的にも意識的にも、宣伝とは「国民を錯覚におとしいれる技術」というふうにとられてしまった。それで宣伝のこの悪い意味を避けるため、プロパガンダというかわりに、マス・コミュニケーションとかパブリック・リレーションとかいう言葉が使用されるようになったのであって、いずれも、マス・コミユニケーションの操縦（コントロール）を意味するものである。」

一八世紀に哲学者D・ヒュームが喝破したように「すべての政府はたとえ専制でも世論にもとづいている」ならば、そしてシカゴ学派の社会学者R・パークが言うように「反対を含まないものは世論ではない」のであれば、アメリカであれ第三帝国やソビエト連邦であれ政府が「世論指導」に躍起になるのは当然である。ナチ新聞学もマス・コミュニケーション研究も同じく世論指導が目的だったからこそ、本書は戦前版に「新しい資料」を加えるだけでよかったのだ。ただし、第四章「世論の構造」、第五章「公衆の構造と性質」、第六章「マス・メディアの構造とシステム」、第七章「ニュースの概念と構成」などでは戦後に追加された記述の方が圧倒的に多い。たとえば、次のアメリカの女性記者の発言などはいかにも戦後的な引用だが、もちろん今日では不適切なジェンダー表現である。

「(新聞記事は) 女のスカートの長さと同じである。人の注意を奪うほど短くなければならないと同時に、主題 (体) を被覆（カバー）するだけの長さがなければならない」。

こうした記述は生真面目すぎる本書ではめずらしい。戦後は国立世論調査所所長、日本世論調査協会会長など歴任した小山だけに世論の学説史は重厚だが、戦前版『新聞学』の「輿論」が戦後版の本書では「世論」表記で統一されており、表現の自由や輿論／世論についての小山の記述に戦前と戦後で揺らぎがあることは確かである。しかし、次の一文などは戦前版とまったく同じである。

「いつも社会に多数存在しているものは無知な、教養の低い人々である。新聞の浅薄性と低劣性とはこの読者層を目標とすることから起こるものである。なぜなら、新聞は読者の多数獲得――これは同時に利潤の増大である――を目的としているものだからである。」

それ以上に興味深いことは、戦前版（一九三五）以後にナチ第三帝国で起こったドイツ新聞学の展開を小山がわざわざ戦後版で書き足していることだ。たとえば、ベルリン大学（戦後はベルリン自由大学）教授として公示（プブリツイスティク）学会に君臨した自由主義者E・ドーヴィフアトが第三帝国期に改訂した『新聞学』（一九三七）の世論批判の一文である。

「この「きわめて怪しげな幻である」世論なる概念は、たとえばアングロ・サクソン系の諸国とくに合衆国においては、新聞を論ずる場合、なお重視されるものであるが、今日のドイツにおいてはそうしたことはまったく衰え去った。われわれは、もはや意見のことを語らずして信念および政治的信仰をいう。同様に大衆（大衆の意見）なる無定形の概念は、国民および国民共同体なる概念に高められた。」

これを引用して、小山はナチ思想を「新聞現象を通じて体系化しようとした努力の現われ」と評している。戦後版で敢えてこれを追記した理由はドイツ新聞学者の変節を批判するためではないだろう。むしろ、困難な状況下での「体系化」への努力を続けたドーフィヴァトに自らの戦中＝戦後の営為を重ねていたのかもしれない。ちなみに、第三帝国期にドーヴィファト教授の指導下で博士論文を執筆した学生に『沈黙の螺旋理論』（↓23）の著者がいる。なお、右の引用文末尾にある「大衆の国民化」の意味については、それをタイトルとしたモッセ著作（↓5）で解説することにしたい。

（同文舘出版、一九六九）

4　ジョゼフ・T・クラッパー『マス・コミュニケーションの効果』（原著刊行年　一九六〇）
——研究発展期の決算書

クラッパー（一九一七—八四）ニューヨーク生まれの米国の社会心理学者。コロンビア大学でラザースフェルドに学び、CBS社会調査局長など歴任。

†マス・コミュニケーション研究の分水嶺

竹内郁郎「マスコミ研究40年」（二〇〇〇）は、日本におけるマスコミ理論研究の第一人者による最終講義の記録である。その研究人生のスタートラインに「クラッパーの本」が置かれている。

「クラッパーの本が出版された一九六〇年に、私は大学院の五年の課程を終わるわけです。その時たまたま、東大の新聞研究所というところで助手のポストがあきまして、そこに何とか採用されることができたわけです。」

ここで私が引用したかったのは、「その時たまたま」で始まる後段である。「その時」を三〇年ずらせば、その主語が私でも通用する。二年間のドイツ留学を終えた私を特別研究員として東京大学新聞研究所に受け入れてくださったのが、まさしく竹内先生である。ドイツ留学中に日本学術振興会特別研究員（ＰＤ）の申請書類を作成する際、まだ私は日本のメディア関連学会について何も知らなかった。バイエルン州立図書館アジア部門にあった過去の『全国大学職員録』（廣潤社）に、東大新聞研究所所長・竹内郁郎の記載を見つけた。他に知っている教授もいなかったので、「受け入れ教員」欄に内諾も得ずお名前を書いて提出した。我ながら呆れた話だが、やがて竹内先生から「あなたは誰ですか？」の国際電話をいただくことになった。そんな正体不明な若者を先生が受け入れてくださらなければ、私はメディア研究とは別の道を歩んでいただろう。いずれにせよ、やがて私も「たまたま」新聞研究所の助手になった。竹内先生の最終講義における「クラッパーの本」の評価を引用しておこう。お人柄が滲むわかりやすい語り口を味わいたい。

「一九四〇年代五〇年代に行われたアメリカでの実証研究の成果を非常に要領よく、また目配りよくまとめている、そういう本ですね。その結論は、マスコミからの刺激というのは決して個々の人間にストレートにインパクトを及ぼすのではなくて、むしろ、その人その人がすでにもっている意見だとか態度といったものによって篩にかけられたうえで、影響を及ぼして来るんだということです。従って、一人一人が現在持っている政治的な考え方だとか、意見だとかいうものを、マスコミの力によって右から左へ変えてしまうというようなことはむしろ異常なことなんだ、通常はほとんどないんだということになります。むしろ一般的に、それぞれの人がすでに持っている意見や態度をマスコミが更に補強していくような、そういう働きのほうが圧倒的に多いのだというふうなことが、結論としていわれてくるわけです。」

いわゆる「弾丸効果論」時代から「限定効果論」時代への画期となる著作である。学説史では必ず言及される文献だが、今日では実際に読む人は少ないだろう。私も新聞研で竹内ゼミに参加した当時、まだドイツ現代史研究者を目指しており、「クラッパーの本」よりも戦時期の古典的著作の方に関心があった。古書店で買い求めたのは、ハロルド・ラスウエル『宣伝技術と欧洲大戦』(原著一九二七、一九四〇)、カール・ホヴランドほか『コミュニケーションと説得』(原著一九五三、一九六〇)、ロバート・マートン『大衆説得』(原著一九四六、一九七〇)、ポール・ラザースフェルドほか『ピープルズ・チョイス』(原著一九四四、一九八七)などである。いずれも戦争宣伝なり選挙キャンペーンなり、特定の政治コミュニケーションの短期的影響を分析した調査報告で、教科書の要約を超える面白さがあるのかと問われると首をタテにふるのは難しい。

これに対して、今もときどき手を伸ばす本書は、やはり名著というべきだろう。右に列挙した古典をふくむ「マス・コミュニケーション研究」黄金時代に量産された膨大な文献を集大成したハンドブックとしても活用できる。

†限定効果論の限界なき射程

第一章「序論」では、クラッパーの主張する「現象論的（フェノメニスティック）」アプローチによる一般化モデルが提示されている。それはマス・コミュニケーションを説得という目的のもとで単独で作用する刺激として考えるのではなく、観察される全体的現象からマス・コミュニケーションの機能を確定してゆく研究手法である。そうしたアプローチによって先行研究を検証することで、のちに「限定効果論」と呼ばれる五つの一般化テーゼを示している。すでに引用した竹内先生の要約で十分だろう。今日では常識となっており、とくに解説の必要もないはずだ。むしろ、ここで注目したいのは序論冒頭の一文である。

「約二十年前、マス・コミュニケーション現象に関する議論にたずさわった人びとは、まず第一に、この聞きなれない言葉を何とか定義しなければならないと感じた。」

本書刊行の「約二十年前」、つまり第二次世界大戦が勃発した一九三九年九月のことである。「マス・コミュニケーション」の初出例として、一九三九年九月にロックフェラー財団事務局長ジョン・マーシャルの「ロックフェラー・コミュニケーション・セミナー」

案内状がよく知られている。マーシャルはナチ・ドイツ（敵）のプロパガンダに対抗するアメリカ（自ら）のプロパガンダを指してこの新語を使っている。だとすれば、マス・コミュニケーションとプロパガンダの内容は変わらない。それは小山が『新聞学原理』（↓3）で述べた通りである。実際、本書で検討される初期マス・コミュニケーション研究の多くにも、宣伝戦や戦時動員を強化する目的で国防関連の予算が使用されている。だが私がもっとも驚いたのは、本書でゲッベルスが「いまわしいほどの能力をもったマス・コミュニケーションの実務家」と評されていることだった。そして、多くのマス・コミュニケーション研究者が「態度の**創造**におけるマス・コミュニケーションの効力に関して、ゲッベルスと同じ考えをいだいてきた」（強調は原文）こともクラッパーは確認している。例えば、M・ヘルツ（一九四九）の次のようなテーゼを紹介している。

「宣伝は防禦的であるよりもむしろ本質的には攻撃的な武器である——すなわち、宣伝は、意見を変改するよりも創りだすことのほうがはるかに容易である」

マス・コミュニケーションが意見の創出——議題設定（アジェンダ・セッティング）と呼んでもよい——にこそ有効であるとの知見は、「通常は意見の変改より補強として働く」というクラッパーの一般化理論とも矛盾しない。そうであるとすれば、弾丸効果論を否定する限定効果論の真のねらいも見えてくる。それはマス・コミュニケーションに対する有害論、悲観論の一掃である。マス・コミュニケーションという新語からプロパガンダの出自を消し去るために、それは必要な作業だったわけである。そして、今日マス・コミュニケーションという言葉でプロパガンダを連想する人が少ないとすれば、それは成功したプロジェクトだったと言えるだろう。

第一部「説得的コミュニケーションの効果」（第一章から第五章まで）は、「弾丸効果論」と総称されていた変改効果の調査研究を批判的に読み直している。その上で、どのような例外状況において変改効果が顕れるのかを「革命期の宣伝」や「洗脳」などで具体的に検討している。こうした「特殊」状況を切り分けることで、クラッパーは「一般」理論としての限定効果論を浮かびあがらせたと言えるだろう。それは説得的コミュニケーションにおいて、マス・コミュニケーションという「一般」モデルからプロパガンダを「特殊」モデルとして切り離す作業だったと見ることもできる。

第二部では、メディア内容の犯罪と暴力性（第六章）、逃避的コミュニケーションの機能（第七章）、テレビの子供への影響（第八章）、マス・メディア接触と受動性（第九章）と個別テーマが検討されている。一九七〇年代に登場する「新しい強力効果論」が限定効果論を乗り超えるべく試みられた研究である以上、そうした研究が本書第二部によって方向づけられていたとしても不思議ではない。たとえば、第六章の結論はこうまとめられている。

「メディアにおける暴力はある子どもたち——たぶん大多数の子どもたち——にとって無害であり、ある子どもたちにとっては有害であるということだけにすぎない。それゆえ研究は、暴力メディア内容が相当程度に社会的に望ましくないものであるかどうかという問題にたいして、具体的に意義のある答えをまだ提供していない。」

これを踏まえて「意義のある答え」として提出されたのが、ジョージ・ガーブナーの「培養分析（カルティベイション・アナリシス）」（一九七二）と見ることができる。ガーブナーによれば、暴力シーンの多いテレビに接触した視聴者はテレビ世界と現実世界を混同し、現実以上に暴力に対して危険性を感じるようになる。暴力シーンはその直接的影響の有無よりもその存在自体が人間関係の疎外状況を映しており、それが社会にシニシズムを蔓延させるという仮説である。

あるいはラジオの連続ドラマ（ソープオペラ）、テレビの娯楽番組が社会的無関心を促進するか（第七章）、さらにテレビ視聴は受け手の自発性を減退させるのか（第九章）という問題設定に対して、マクルーハン『メディア論』（↓29）の高参与性のテレビ論が登場したと考えてもよいだろう。ちなみに、クラッパー自身は次のような仮説を提示していた。

「テレビ視聴はそれまでに能動的であった人びとにたいしては受動性をひき起こさないし、

それまでに本来的に受動的であった人びとにたいしては高い能動性をつくり出さない。」

また、第八章「成人向けテレビ番組が子供に与える効果」が、ニール・ポストマン『子どもはもういない』(↓10)の問題設定に直結することも明らかだろう。

†ポスト理論時代への踏切板

クラッパーは第十章「結論」において、自ら提示した一般化理論、すなわち限定効果論がマス・メディアのもたらす長期的影響まで過小評価させてしまう危険性もあらかじめ指摘している。確かに本書で明らかされたのは、キャンペーンにおける「短期的な意見と態度への効果」の限界だけである。

「長期的な態度変化においてマス・コミュニケーションが演ずる役割についての客観的な研究は皆無である。」

つまり、世代を超える文化への長期的影響はまったく検証されていなかったのである。

「あらゆる社会階層のアメリカ人が、同一のジョークに笑うことがマス・メディアによって可能となったことは、社会学的に重要でないなどということはないし、有意味でないということはない。」

さらに、本書で検討されたのは「相対的に安定した社会状況」で実施された実験や調査であり、「差し迫った社会不安の状況」でマス・コミュニケーションがもつ潜在的可能性については手つかずのままだとクラッパーは認定している。限定効果論はマス・メディアが革命運動を引き起こす可能性を否定するものではない。この点は誤解している社会学者も少なくないため、特に強調しておくべきだろう。

本書の刊行以後、アメリカのメディア理論研究は明らかに安定期、すなわち停滞期に入った。社会心理学的アプローチの限界効用が逓減してきたためである。一九五〇年代までに斬新な効果仮説はほぼ実験調査されており、一九六〇年代以後はその精緻化、あるいは反証にエネルギーが注がれた。その結果、研究論文にも創造性が感じられなくなった。それは学問の制度化にともなう必然的現象である。もし、一九五〇年代にメディア研究を始めていたら、私も迷うことなく社会心理学に進んでいたかもしれないとさえ思う。

実際、メディア研究の主流は長らく社会心理学による効果研究であった。それはメディア研究が総力戦体制のなかで確立した効率と精度を追求する研究であれば当然である。もちろん、こうした効果研究に対しては、カルチュラル・スタディーズのメディア研究が異議を申し立ててきた。日常生活における受け手の能動性を強調する能動的視聴者(アクティブ・オーディエンス)論を中心に、マス・コミュニケーションは文化におけるヘゲモニー闘争の実践として再定位されるようになった。とはいえ、こうしたカルチュラル・スタディーズの脱構築作業によりメインストリームは解体されたものの、それまでの効果論を中心としたメディア研究に代わる理論的な共通基盤が新たに生み出されたわけではない。

そこに一九七〇年代以降の理論研究の停滞、いわゆる「ポスト理論」状況が現出する（クドリー『メディア・社会・世界──デジタルメディアと社会理論』原著二〇一二、二〇一八）。そうした「ポスト理論」状況下、私のように一九九〇年代以降にメディア研究を始めた世代で「長期的な文化的影響」を考察するメディア文化研究、すなわちメディア史に人気が集まるのも十分に理解できることである。ちなみに、クラッパーは本書の現象論的アプローチを「存在する状態から出発して、その起源と発展をたどろうとする試み」と主張している。この文章を読んだとき、私は自分のメディア史研究と思いのほか近いと感じた。実験でも調査でもなく文献の検証によってパラダイム転換を実現した「クラッパーの本」を、私は社会心理学の手法も学べる「メディア史の名著」と呼びたいのである。

Joseph T. Klapper, *The Effects of Mass Communication*, The Free Press of Glencoe, Illionis, 1960.

（邦訳：ＮＨＫ放送学研究室訳、日本放送出版協会・一九六六）

5 ジョージ・L・モッセ『大衆の国民化』（原著刊行年　一九七五）
――ナチズムへのシンボル政治史論

モッセ（一九一八―一九九九）ウィスコンシン大学教授。ナチズムから亡命した米ユダヤ人歴史家。大叔父は「明治憲法の父」アルベルト・モッセ。

†精神的血縁を感じた書物

このドイツ史研究者の著作を「メディア論」に加えることを意外と感じる読者もいよう。しかし、ダヤーン&カッツ『メディア・イベント』（↓19）の冒頭には次の言葉がある。「私たちは、ダニエル・ブーアスティン（↓18）よりも、ジョージ・モッセに、より多くの注意を払っている。（……）彼は、セレモニーの政治と呼ばれるものの発展は、ヨーロッパのナショナリズムを理解するうえでも、そこから生まれたファシズムを理解するうえでも、問題の中心をなすといっているのである。」

本書は共同体を駆動させる儀礼文化を論じたメディア史である。二〇世紀のナチズム

（国民社会主義）を国民主義（ナショナリズム）の極致ととらえ、フランス革命以来「世俗宗教」となった国民主義の展開を大衆的な儀礼やシンボルから考察している。メディアによる国民的「伝統の創出」ではホブズボーム＆レンジャー編『創られた伝統』（原著一九八三、一九九二）の方が有名だろう。だが、ホブズボーム論文が最初に引用している文献も本書である。

一九九〇年秋、私は東京大学新聞研究所の助手となり博士論文を執筆していた。「ナポレオン戦争から第三帝国までのドイツにおける政治シンボルと大衆運動」を副題とする本書の存在を知ったときのショックをいまもよく覚えている。私は同じドイツにおける同じ時期の「政治シンボルと大衆運動」研究をドイツ社会民主党史として書いていた。

さっそく原著の所蔵先を探した。まだインターネットによる図書館蔵書の横断検索がなかった一九九〇年のことだ。図書館参考掛で調べてもらい、東京大学教養学部と京都大学人文研究所の所蔵が確認できた。アマゾンのネット通販（日本語サービスは二〇〇〇年開始）で洋書が簡単に注文できなかった当時、それを手にすることがどれほど大変だったか、その記録として書き残しておきたい。借用のため東大駒場キャンパスに赴いたが、書架にはなかった。一刻も早く読みたいという焦燥が表情に出ていたのだろう。たまたま居合わせたイスラーム史の山内昌之先生は見ず知らずの若手研究者のために、三〇分近くも一緒に探し回ってくださった。ひょっとすると「大衆の国民化」という一見奇妙なタイトルに先生も関心を示されたのかもしれない。その後、ご挨拶する機会はなく、ご記憶にもないだろうが、本シリーズの『歴史学の名著30』を手にしたとき、この時のことを思い出した。

さて東大にないとわかると、翌日急いで新幹線に飛び乗り京大人文研究所にかけこんだ。実はその半年前、人文研の助手公募で私は落とされていた。人文研にふられたおかげで新聞研に拾われたのだから、結果的にはラッキーだったが、人文研は「すっぱい葡萄」である。その蔵書のページには鉛筆で多くの書き込みがあった。この熱心な読者は誰だろうと思いながら、その痕跡を消しゴムで落としつつ全頁をコピーした。それが建築史家・井上章一さんの仕業だったと、本人から聞いたのは私が日文研で井上さんの同僚になったときである。国民崇拝のメディアとして記念碑や祭祀空間も論じる本書は、ドイツ公共建築の社会史としても読める。

さっそく帰りの新幹線の車中で読み始めた。著者の心の動きに共振する、研究書でそんな読書体験は稀なことだ。まずは「くやしい」と思った。自分が登ろうとしている山頂を反対側から制覇した人影を見たわけだから。やがて、この歴史家のため息が耳元で聞こえるような気がしてきた。この本だけは自分で訳したい、精神的血縁のようなものを感じた。博士論文を刊行した後、まず着手したのはこの翻訳である。ドイツ留学で知り合った妻・八寿子との共同作業である。一九九四年の邦訳刊行後、「大衆の国民化」の枠組みは日本のメディア史領域でも広く使われるようになった。たとえば、有山輝雄「戦時体制と国民化」（二〇〇一）などである。

†国民崇拝のメディア――祝祭空間と記念碑

ナチズム運動はどれほど一般大衆が参加可能な形式を持っていたのか、本書はこの問いにシンボル論から挑み、ファシズム理解に新局面を開いた名著である。「大衆の国民化」というタイトルは、アドルフ・ヒトラーがその国民社会主義運動の目標を述べた『わが闘争』第一巻（原著一九二五、角川文庫）の次の言葉から引かれている。

「広範な大衆の国民化は、生半可なやり方、いわゆる客観的見地を少々強調する程度のことでは達成されず、一定の目標をめざした、容赦のない、狂信的なまでに偏った態度によって成し遂げられるのだ。」

国民祭祀の儀礼秩序のなかに、大衆は自らの運動する身体を投入することで「国民化」は達成される。日本語版に寄せた序文でモッセは執筆の目的をこう要約している。

「この時代を体験した我々の多くは、ナチ宣伝を、また大衆の感性的動員を軽蔑的に語るが、次の事実を忘れている。つまり、問題は、主権在民に基礎付けられ、すでにルソーとフランス革命以来、近代の中心課題の一つと認められてきた政治様式なのである。すなわち、いかに一般大衆を国民国家に組み込み、いかに彼らに帰属感を与えることができるか、という問題である。」

モッセは大衆が国民として政治に参加する可能性を視覚的に提示する政治様式を「新しい政治」と呼んでいる。それは議会制民主主義者が理想とする合理的討論ではなく、国民的記念碑や公的祝祭などで表現された美意識に依拠する大衆政治の様式である。この「新しい政治」はルソーの一般意志、フランス革命の人民主権に端を発し、十九世紀を通じて大衆の自己表現と自己崇拝の様式を発展させ、ナショナリズム運動において絶大な威力を発揮した。こうした視点から国民社会主義（ナショナルソーシャリズム）は宣伝操作の運動ではなく、共感と合意の運動として捉えられている。大衆が政治参加に抱く感覚から民主主義を理解するなら、ヒトラー主義者もまた民主主義者なのではないか。

第一章で大衆参加のドラマを演出する「新しい政治」を定義した後、その政治美学を文学、美術、建築、演劇などから多角的に分析し（第二章）、その担い手となった建築家や芸術家（第三章）、あるいは体操家や合唱団などの市民サークルや教会（第四・五・六章）、さらには労働者組織（第七章）までもがナチズムの政治的祭祀（カルト）（第八・九章）に統合されていく過程がドラマチックに描き出される。

また、分析の対象は絵画、彫刻、建築、賛美歌、演劇からスポーツ、労働者文化までドイツ文化史全域に及び、その分析には歴史学はもちろん神学、社会学、文化人類学、芸術学などの成果がふんだんに盛り込まれている。政治的祝祭の舞台である「聖なる空間」の構成要素、記念碑や広場、劇場などの分析は特に魅力的で、メディア・イベント論（→19）としても読めるだろう。さらに、モダニズム芸術はナチズムにどう受容されたか（第五章）、自立的諸組織の公共圏参入はナショナリズムに何をもたらしたか（第六章）、労働者運動はナチ運動にいかなるモデルを提供したか（第七章）という挑発的なテーマにも一定の回答を示している。

大衆を政治の舞台へ引き込むものは、政治組織だけでなく祝祭や神話、記念碑、美術、小説、音楽、演劇など広範な文化活動とメディア情報なのである。だとすれば、日常生活のあらゆるコミュニケーションは政治的意味を帯びてくる。ちょうど、キリスト教における良心の糾明で「行い」も「怠り」も罪になるように、政治的コミュニケーションでは参加するにしろ無視するにしろ非政治的であることは許されない。モッセが厳しく批判するのは、大衆政治の現実に手を汚すことなく「イデオロギーの繭」に閉じこもった教養市民層であり、政治的無関心を装い「ホロコーストが起こるなんて想定外だった」と言い訳するドイツ国民である。こうした大衆参加の「ドラマとしての政治」はナチズムで終わらず、テレビ時代、さらにウェブ時代にも「美しい装い」で演じられているからである。それゆえ、ナチズム運動の成功を「プロパガンダ」や「テロル」という用語で説明することにモッセは批判的である。

「プロパガンダによってナチ党が幻影のテロリスト世界を樹立しようとしたという告発は、部分的にしか支持できない。恐怖(テロル)の存在は誰しも否定はできまい。だが、効果を上げるために恐怖政治(テロリズム)の刺激を必要としないナチ文学やナチ芸術の正真正銘の人気を裏付ける証拠には十分な蓄積がある。これはまた同様に、ナチ党の政治様式についても妥当する。つまり、ナチ党の政治様式は民衆の好みにあったお馴染みの伝統に根ざしていたので、人気を博したのである。」

つまり、ヒトラーの成功は大衆を操る宣伝技術によっていたのではなく、大衆が参加を体験しアイデンティティを獲得するシンボリックな合意形成によって実現したのである。こうしたナチズム理解には、「ドイツ国民もナチズムの絶対的なプロパガンダに操られた被害者だった」とする戦後の弁明に対するユダヤ人モッセの批判がこめられている。反ユダヤ主義についても、経済的社会的実体としてのユダヤ人よりもドイツ大衆における文化や神話の影響力を強調している。つまり、ユダヤ人という「シンボル」が中産階級の疎外感や社会的ヒエラルキーの危機感、あるいは都市化への不安などに結びついたにすぎない。こうしたシンボル作用を理解するため、宗教的祭儀の効果を説明する神学のカテゴリーにまで立ち入っている。歴史書でありながら、モッセは統計数値や官製文書に基づく歴史研究へも懐疑の眼差しを向けている。その一方で、三文作家のベストセラー小説やキッチュな複製芸術などこれまで歴史家が取り上げようとしなかった大衆文化への深い洞察も本書の特徴となっている。

†「メディア王の息子」のまなざし

本書をメディア論として理解する上で、著者の経歴は決定的に重要である。モッセがドイツの自由主義とモダニズムを担った「メディア王」の家系に属していたこと、またドイツ国民主義者（ナショナリスト）でありながら亡命者となったことも、その複眼的な分析を可能にしている。

一九一八年九月二〇日、第一次大戦の敗色濃い第二帝政の首都ベルリンで、ゲルハルト・ラハマン・モッセ（亡命後にジョージと改名）は新聞出版コンツェルンの御曹子として生まれた。モッセ出版社は、ウルシュタイン、フーゲンベルクと並ぶワイマール共和国の三大新聞社であり、自由主義高級新聞『ベルリン日報（ベアリナー・ターゲブラット）』、伝統ある大衆紙『人民新聞（フォルクスツァイトゥング）』、最大の夕刊紙『八時晩報（アハトウア・アーベントブラット）』などを発行していた。創業者である祖父の名前は現在も旧西ベルリン地区にルドルフ・モッセ広場、旧東ベルリン地区にルドルフ・モッセ街として残っている。こうしたベルリン屈指の大ブルジョア家庭での生活体験が、その歴史叙述に独特の味わいを与えている。晩年のインタビューで、モッセは、後に親衛隊高官となる友人たちと過ごした寄宿学校時代を回想している。

「プロイセンはいわば国家を伴った軍隊であった。こうした国家構成は特定の心性をかたちづくった。（……）軍隊を見ると私の胸は高鳴る。これはおそるべきことである。それが音楽によるものか、リズムなのか、私にはわからない。あるいは最近、エルフルトのキフホイザーに行ったとき、私はそれにうっとりしていた。森に、そう麗しいドイツの森に入るときも同じである。いや、これをアイロニーとして言っているのではない。」

本書のナショナリズム分析を私が信頼するのは、亡命するまでナショナリストだった自らの心情を正直に告白しているからである。特に「国民化」を扱った本書において、「国民（ネーション）」の訳語は重要である。ネーションを「国家」と訳す悪習の極めつきは、ナチズムを「国家社会主義」と誤訳する場合だろう。そもそも、ナチズムが唱えた「国民革命」を「国家革命」と訳さないで、ナチズムを「国家社会主義」と呼ぶことがなぜ出来るのか。まともなドイツ史研究者なら「国家社会主義」を使うことはないが、辞書類では今もって「ナチズム＝国家社会主義」も使われている。この背景には我が国の歪んだナショナリズム理解が存在している。たとえば、丸山眞男は明治期ナショナリズムを「国民主義」、昭和戦前期ウルトラ・ナショナリズムを「超国家主義」と訳し分け、前者のナショナリズムを「進歩」のモメントと評し、後者のナショナリズムを「反動」として批判した。当然、戦後憲法の「国民主権」と結びつくナショナリズムは、「国民主義」であって「国家主義」であってはならなかった。だが、モッセが本書で明らかにしたように、フランス革命以来の「国民主権」や「民主主義」の政治的伝統の上にナチズムは成立したのである。その意味では、近代主義者・丸山眞男がすくいだそうとした「国民主義」にこそ、ファシズムは胚胎していた。

もし国民社会主義（ナショナルソーシャリズム）が国民主権や国民福祉と関係なく異常かつ比較不能なものなら、近代主義者たちにはどれほど都合がよかっただろう。そうした悪夢は例外的として、歴史から切断されるはずである。しかし、本書が示すようにナチズムは「大衆の国民化」を徹底した運動である。そしてマス・コミュニケーションという言葉も、まさにナチ・プロパガンダの鏡像として生まれたこと（↓3）を忘れてはならないのである。

George L. Mosse, *The nationalization of the masses; political symbolism and mass movements in Germany from the Napoleonic wars through the Third Reich*, Howard Fertig, 1975.

（邦訳：佐藤卓己・佐藤八寿子訳、ちくま学芸文庫・二〇二一）

Ⅱ　大衆社会と教養主義

6　ハロルド・A・イニス『メディアの文明史』（原著刊行年　一九五一）
――時間バイアスと空間バイアス

イニス（一八九四―一九五二）トロント大学教授。コミュニケーション史に転じたカナダの経済学者、マクルーハンなどをふくむ「トロント学派」の始祖。

†人文学と社会科学の間

本書の普及版（一九六四）の序文で、マーシャル・マクルーハンは「歴史を科学の実験室として用いる」イニスの方法論的革新によって「新しいあるいはほとんど知られていなかった形態の本性」が発見されたことを言祝（ことほ）いでいる。また、自著『グーテンベルクの銀河系』（一九六二）もイニスが論じた「はじめに筆記が、つぎに印刷がひき起こした精神的・社会的帰結という主題」に対する注釈にすぎないという。なるほど、一五世紀の印刷術発明を「耳よりも目に支配された文明タイプへの還帰の始まり」と評しているように、マクルーハン風レトリックはすでに本書に発見できる。

一九九四年当時、東京大学社会情報研究所（一九九二年新聞研究所から改組）の助手だった私は、「歴史を科学の実験室として用いる」という記述を天啓のように読んだ。その春、私はその東大助手を辞め、同志社大学文学部社会学科新聞学専攻の専任講師に着任した。まだ東京外国語大学の山之内靖先生を代表とする総力戦体制論の国際共同研究が継続していたこともあり、東京での就職話にも未練はあったが、「京都へ戻る」という気持ちがまさっていた。

東京を去るにあたり、マス・コミュニケーション学会を除き、史学会、社会学会など多くの学会に退会届を出した。その中に一九九二年三月に有山輝雄先生を中心に結成されたメディア史研究会もあった（現在は再入会し、編集委員をつとめているわけだが……）。結成時に有山先生にお声掛けいただき月例研究会に参加していたが、「京都からは出席できないから」と退会を申し出た。本当の理由は、メディア史の立ち位置（ポジショナリティ）に迷いがあったためだろう。メディア史が歴史学の下位領域にとどまるべきか、あるいは社会学や政治学などの学際領域として自立すべきか、自らの学問的進路をふくめ決めかねていた。そうした心の揺らぎは、当時執筆した論文「第三帝国におけるメディア学の革新――ハンス・A・ミュンスターの場合」（一九九三、『ファシスト的公共性』所収）でも読み取れる。歴史・文芸の人文主義にまどろみ新聞学の社会科学化をためらう学会主流派と対峙したナチ党員教授ミュンスターについて、私は「革新派」として高い評価を与えていた。日本の新聞学者として、小野秀雄より小山栄三（↓3）を評価した理由も同じである。

当時の私は歴史学から出て、社会科学の領域に自分のメディア史を位置づけようと考えていた。とはいえ、アメリカ流の社会心理学的研究（↓4）も、ましてマクルーハン流の感覚的メディア論（↓29）もあまり役立つようには思えなかった。そんなとき「歴史を科学の実験室として用いる」イニスに立ち戻ったのである。

†時間バイアスと空間バイアス

アメリカのマス・コミュニケーション研究がメディアの短期的な目的と効果、実用的な利用と満足に関心を集中していた一九四〇年代、イニスはより長い文明史の射程でメディアの傾向性とその循環モデルを構築していた。

「コミュニケーション・メディアは時間および空間にわたる知識の伝播に重大な影響力をもっており、その影響力をその文化的背景のなかで評価するためには、その諸特性を研究することが必要となる。コミュニケーション・メディアは、その特性に応じて、或るものは――とくにそれが重くて永続的で移動に適さないものである場合――空間よりもむしろ時間を越えた知識の伝播に適するかもしれないし、或るものは――とくにそれが軽くて容易に移動されるものである場合——時間よりも空間を越えた知識の伝播に適するかもしれない。相対的な強調が時間に置かれているか空間に置かれているかということは、その強調に深くひたされている文化がもつ意味の傾向性を暗示するであろう。」

　社会における情報の流通と受容を組織化するメディアは、情報発信者の意図を超えて、持続する社会的影響力を持っている。だとすれば、情報内容（メッセージ）よりも、それを伝える基軸メディアの特性——時間と空間への偏向（バイアス）——こそが、その社会の制度やイデオロギーに決定的な影響を与える。つまり、内容より形式、メッセージよりメディアを重視する「メディア論」はここに成立する。

　本書は個別に発表された講演や論文を集大成したものだが、メディア論としては大きく二つの論点がある。第一は、社会における知識の独占状況が権力のあり方を規定するため、知識の流通を左右するメディアの革新が社会変動に影響を与えるというメディア史観である。特殊な解読コードを必要とするメディアは、それにアクセスする時間と資源をもつエリート階級によって独占的に利用され、逆にだれでもアクセス可能なメディアは知識を民主化する。この意味で、印刷術がローマ教会の情報独占を打ち破って知識を民主化したことをイニスは認める。

「自国語へ翻訳する可能性への関心が芽生えたことは、ラテン語で表現されてきた教会の独占を破壊した。宗教改革においては印刷物が、聖典の解釈としての彫刻や建築物を圧倒するのに使用された。自国語への翻訳は自国語に神聖性を与え、またナショナリズムに駆り立てる強力な衝動を与えた。」

しかし、伝統的メディア（ラテン語の羊皮紙写本（パーチメント））による知識の独占、新しい別のメディア（自国語の活字印刷物）による均衡状態とその打破（新しい独占）は、次の新しいメディア環境でも繰り返された。二〇世紀前半にラジオが印刷物の独占を打破した衝撃をイニスはこう書いている。

「印刷産業の要求との関係で引かれていた政治上の境界線［読書エリートと一般大衆］は、コミュニケーションの新しい道具とともに消失した。話し言葉はナショナリズムを開拓するための新しい根拠地と大多数に訴えるためのはるかに効果的な方策とをもたらした。無学文盲はもはや深刻な障害ではなかった。」

第二に、メディアが時間（持続）性あるいは空間（伝播）性のいずれに重点があるかで文化に対してもつ意味に偏向（バイアス）があるとする比較メディア論である。

例えば、古代エジプトの石碑のような時間バイアスをもつメディアは比較的安定した社会をもたらし、ローマ帝国のパピルスのような空間バイアスをもつメディアは遠隔地まで権威を及ぼすが社会を不安定化させる。近代史では時間（歴史）指向的な「国民国家」と空間（拡大）指向的な「帝国」の対比に重ね合わせると理解しやすい。時間バイアスのメディアは、歴史と伝統に対する関心を深め、宗教的・民族的な政治支配を促し、中央集権的な国民国家システムを強化する。これに対する空間バイアスのメディアは、拡大主義と現在への関心を高め、世俗的・普遍的な政治支配を助長し、地方分権的な帝国システムを拡大させる。

しかし、一方のシステムの過剰は社会に混乱をもたらすため、それを相殺する新たな偏向（バイアス）メディアが登場するという。イニスはこうした二つの偏向（バイアス）メディアと社会システムの循環、すなわち一方のシステムへの偏りを正してバランスが保たれることに文明の法則を見出している。ローマ帝国を成長させた伝播性の高いパピルスは、ローマ教会が聖書に用いた羊皮紙（バーチメント）製の写本によって相殺された。保存に優れた羊皮紙は教会に安定と専制をもたらしたが、伝播性が高い印刷用紙（書籍・新聞）という新しいメディアとともに近代の国民国家が台頭する。当然、新聞および印刷産業におけるコミュニケーションの傾向は、ラジオの傾向性によって相殺される運命にあったのである。

こうした異なる偏向（バイアス）メディアの循環は、激しい社会変動の痛みをともなった。口承文化から文字文化への混乱につづくアレクサンドロス遠征、印刷術が呼び起こしたナショナリズムの結果である三十年戦争、ラジオ時代に生じた二〇世紀の二つの世界大戦を例にあげて、イニスはこう述べている。
「或るコミュニケーション形態に支配された或る文化から、他のコミュニケーション形態に支配された他の文化への変移にあたってそれを特徴づけている混乱は、文化上の変化が支払わねばならない代価を示している。」

今日では、情報アクセスと知識の民主化をめぐる第一の直線的な議論よりも、比較バイアス論すなわち第二の循環的な論点の方が高く評価されている。マクルーハン理論もイニスの比較バイアス論を発展させたものだからである。その有名なテーゼ「メディアはメッセージである」も、異なるメディア形式によりコミュニケーションの性質が変わることを示すものである。メディア論においてはメッセージ(内容)よりミディウム(媒体)が重要である。

†イニスのペシミズムとマクルーハンのオプティミズム

イニスは本書刊行の翌年、一九五二年に亡くなっている。テレビはまだ発展途上にあり、ラジオの黄金時代が続いていた。「新しいメディアつまりラジオからの挑戦」に人文知が冒されることにイニスは強い不安と警戒を示している。特にカナダの知識人として、アメリカの文化帝国主義(↓15)への反発心は強かった。本書所収の「合衆国における科学技術と世論」、「北米におけるコミュニケーションと電磁波手段についてのノート」でのアメリカの商業主義的メディアへの評価は厳しい。

「ラジオ番組は知性の最小公分母を扱うことしかできない。ラジオはなんらかのテーマについて継続的な論究に携わるようにはなりえないし、あまり広く知られていない事実のたぐいは紹介することができない。さまざまなたぐいのメッセージのなかで、反復性の広告がラジオにとってふさわしいことが知られている。（……）ラジオを支配しているような最小公分母的番組が、またテレビも支配することになる。画面の明晰さと知性の明晰さとは電磁波という手段によって制限を受ける。」

アメリカから放送が越境送出（スピルオーバー）されるカナダで、こうした放送文化への厳しい批判が生まれ、やがて先駆的なメディア・リテラシー教育が発展する必然性もここにある。

ただし、イニスのラジオ論について、マクルーハンは本書に寄せた序文で「彼自身の方法に忠実であることを怠っている」と厳しく批判している。確かに、イニスが示した「偏向（バイアス）メディアの循環」モデルを図式通りに適用すれば、ラジオは空間偏向（バイアス）のメディアであり、中央集権システムを支える時間偏向（バイアス）メディアとは真逆に機能するはずである。電子メディアによるグローバル・ヴィレッジ（地方分権的世界帝国）を夢見たマクルーハンからすれば、メディア論の梯子（はしご）を外されたような気分だったのだろう。イニスをこう批判している。

「イニスは、彼の時代の通常の一致した見解によって誤って導かれた。あらゆる電気的メディアがそうであるように、電気の光と力とは、その精神的・社会的帰結において深く地方分権的でありかつ分離主義的なのである。」

「彼の時代の通常の一致した見解」、つまり時代精神に対する向き合い方だけでなく、事実と図式の解釈法でもイニスとマクルーハンは異なっていたようだ。歴史家イニスは事実に基づいて図式化を試みたが、修辞学者マクルーハンは図式通りに事実をまとめようとしているようだ。さらに異例のイニス批判が本書の序文で繰り広げられている。

「電気は一種の全体的な細胞膜としての神経系の拡張である、ということがイニスには想い浮かばなかったのである。経済史家として彼は肉体的な力の科学技術的拡張についてひじょうに豊かな経験をもっていたので、彼が人間のさまざまな拡張のなかでもっとも新しくかつ驚くべきこの〔神経系の〕拡張についてその特性を記すことを怠ったのは驚くべきことではない。」

このマクルーハンの教条主義的な批判を読んだとき、私は歴史家としてイニスの側に立とうと思った。さっそく、イニスの主著 Empire and Communications（一九五〇）を借り出して読んだ。そして、イニスの影響が明らかな拙稿「国民化メディアから帝国化メディ

ア ―文化細分化のメディア史」（野田宣雄編著『よみがえる帝国―ドイツ史とポスト国民国家』一九九八）を書き上げた。その末尾で私は「帝国市民の孤独」についてこう書いている。

「自分の選択の正当化のために、帝国市民は「自分探し」に多大なエネルギーを注がねばならなくなろう。特殊化、専門化したサブカルチャーで自己実現をめざす帝国市民（敢えて「オタク市民」と呼んでもよい）は、いつも自己喪失の不安に直面している。（……）誰もが国民文化と国民福祉に安住して、共通の歴史にアイデンティティを保証されていた国民国家の時代が懐かしく思い起こされないとも限らない。」

この文章にあえて註記を求めるなら、本書の第一論文「ミネルヴァの梟」における次の言葉を引くこともできるだろう。

「コミュニケーションにおける多大な進歩は相互理解をますます困難にした」。

あるいは、第七論文「合衆国における科学技術と世論」での次の言葉である。

「コミュニケーションの新しいメディアへの転換は深い不安によって特徴づけられるものであって、ラジオへの転換も例外ではなかった。」

この引用箇所でイニスは、ラジオを駆使したF・D・ルーズヴェルトの民主主義において戦争は不可避だったと批判している。そうした戦争民主主義を肯定しない私も、やはりイニス主義のメディア論者なのである。

Harold Adams Innis, *The Bias of Communication*, University of Toronto Press, 1951.
（邦訳：久保秀幹訳、新曜社・一九八七）

7 加藤秀俊『文化とコミュニケイション　増補改訂版』(一九七七)
――メディア論の京都学派

加藤秀俊(一九三〇―)社会学者。京都大学教育学部助教授、学習院大学法学部教授など歴任。『加藤秀俊著作集』一二巻など多数。

†メディア論京都学派の「孫弟子」

「なぜメディア研究者のあなたが教育学部にいるの?」

しばしば、そう尋ねられる。旧帝国大学の教育学部はすべて一九四九年創設であるように、もともとGHQの指導により占領期に設置された。教員の養成ではなく、「教育の民主化」が目的だった。文学部哲学科教育学研究室から学科を跳び越えて学部に昇格した教育学部が、二階級特進の「ポツダム学部」と呼ばれるゆえんである。民主化のためのパブリック・リレーション科目(広報学)は最初から予定されていたが、当時その専門研究者は日本にいなかった。京都大学でも新聞社や放送局などから非常勤講師が招かれていた。

京都大学教育学部にマス・コミュニケーション研究者として初めて着任した専任教員が加藤秀俊先生である。加藤先生が大学紛争で辞職した後、その「広報学概論」を非常勤で引き継いだのが津金澤聰廣（つがねざわとしひろ）先生（現・関西学院大学名誉教授）であり、二〇〇四年の着任以降は私がその継承科目「メディア文化学概論」を担当している（津金澤聰廣「京都大学教育学部におけるメディア史研究の系譜」二〇一六）。

メディア論の京都学派があるとすれば、加藤秀俊―津金澤聰廣という京大教育学部での講義担当者の学統に私は連なる。津金澤先生とは東京大学新聞研究所助手時代に科学研究費重点領域研究「情報化と大衆文化」（一九九一〜九五）でカラオケの共同研究を行った。いまでも先駆的な研究と自負しているが、当時は総括班の責任者から「科研費で遊んでいるのではないでしょうね」と嫌味も言われた。いずれにせよ、最初に公刊された私のメディア史研究は「カラオケボックスのメディア社会史」（アクロス編集室編『ポップ・コミュニケーション全書』一九九二）である。当時はまったく意識していなかったが、いま思えば加藤先生の『パチンコと日本人』（一九八四）、津金澤先生の『宝塚戦略』（一九九一）に続く京都学派的な「おもろい研究」との位置づけも可能である。つまり、私は加藤先生の孫弟子となるわけだが、直接お会いしたのは院生たちが先生に「家庭教師的な手ほどき」（加藤先生の表現）を受けはじめた後である。

院生を自らの研究室に囲い込む教員も少なくないが、私は他の研究者の指導を受けること、できればゼミに参加させてもらうことを奨励している。自分もそのようにして学んできたためだが、対象も広く方法も多様なメディア研究の必然性ともいえる。院生の研究にもセカンドオピニオンは必要なのだ。彼らとの昼食会で加藤先生の話題が増えるにつれて、直接ご挨拶しないのは不自然に思えてきた。二〇〇九年一一月六日、加藤先生をお招きして京都大学楽友会館で御新著『メディアの発生——聖と俗をむすぶもの』(二〇〇九)をめぐるシンポジウムを主宰することになった。

†「発見の時代」に構想されたコミュニケイション史

とはいえ、読書遍歴でいえば、学生時代から先生には大変お世話になってきた。大学一回生のときに購入したD・リースマン『孤独な群衆』(原著一九五〇、一九六四)の翻訳書が最初である。その膨大な著作群の中で、メディア論の名著として挙げるとすれば、やはり学術論文を集めた本書だろう。『思想』『人文学報』などに掲載された学術論文が、理論・調査・歴史・展望の順に配列されている。学園闘争で京大を辞職されてちょうど一年後、一九七一年四月一日の日付をもつ「あとがき」では、自らの学問遍歴が回顧されており、最後にこう綴られている。

「民間の一社会学者である、ということには、大学の学者であることとはちがったたのしさがある。」

その後の豊穣な成果が、「大学の学者」の業績である本書を土台として生み出されたことはまちがいない。だが、ここで構想されていた「コミュニケイション史」が本書と同じ学術論文のスタイルで展開されることはなかった。おそらく大学で行われる狭義のマス・コミュニケーション研究から先生の関心が移ったからだろう。それは「知の探検隊」京大人文研の出身者としては当然の成り行きだったにちがいない。加藤先生が一九五〇年代にロックフェラー財団研究員としてアメリカの大学で体験したマス・コミュニケーション研究は、一九六〇年代にはその発展期を終えていた（→4）。学部や大学院の制度化は進んだが、この新しいディシプリンの創成に加わった第一世代は第一線から退いていた。「発見の時代」は終わり、その後のマス・コミュニケーション研究は既存パラダイム上で諸学説を微調整する安定期に入っていた。

同じことは日本の研究史においても言える。本書「あとがき」で学恩に謝意が示されている南博、日高六郎、鶴見俊輔など社会心理学的なマス・コミュニケーション論は、いま読んでも魅力的だ。それはいずれもアメリカの一九五〇年代、「発見の時代」の知的興奮の中で書かれた論文だからである。同じことは本書所収の各論文についても言える。

「新聞と意味論」（一九五六）では、内容分析の手法が体系的に解説され、具体的に昭和二三年と昭和二七年の新聞記事から「民主」と「自由」のキー・シンボル分析を行った上で、受け手研究を欠いた送り手研究の限界が正しく指摘されている。もう半世紀以上も前の論文だが、いま現在、学会誌や大学紀要などに投稿されている新聞の内容分析でこの水準を超えるものが果たしてどれほどあるだろうか。それは、この論文の水準の高さを示すものだが、一方でマス・コミュニケーション研究の停滞を示すものでもあるはずだ。

同じことは、「ある家族のコミュニケイション生活」（一九五七）における小集団（天理市二階堂村の森田家）への参与観察研究についても言える。私自身はこの論文で描かれた「新制高校卒業の幸江さん（四女・二〇歳）」を通じて、はじめて「コミュニケーション二段階の流れ」（カッツ&ラザースフェルド）におけるオピニオン・リーダーが意味する具体的イメージをつかむことができた。それまでオピニオン・リーダーと聞いても学識経験者や地域の名望家などしか思い浮かばなかったのだ。幸江さんは家族の中でファッションや商品の流行に敏感な「音頭とり役」である。複雑なシンボル操作に習熟した幸江さんは、マス・メディアと森田家の人々の中間項として、マス・メディアのオピニオンを家族に伝達している。「コミュニケーション二段階の流れ」と「パーソナル・インフルエンス」というアメリカの学説が、日本の風景の中に生き生きと描き出されている。

「小集団が意識的に運営されるなら、その小集団はマス・メディアの送り出す情報を自分たちの役に立つようなかたちに仕立て直すフィルターとなり整流器となるであろう。じっさい、幸江さんの場合をみても、マス・コミュニケイション内容のうち、役に立つ部分（たとえば理想的台所）だけを切りとって家族メンバーにつたえ、家族を動かそうとしているのである。」

なお、この論文の最初の註で、自らの研究プログラムとして「「コミュニケイション史」というジャンルの開拓」が掲げられている。「コミュニケイション史学」という将来の課題は、本書の最後を飾る「コミュニケイション体系と社会体系」（一九六七）でも言及されていた。確かに、その後の世相や風俗、あるいは人間関係や芸能をめぐる著作を「コミュニケイション史」と括ることもできるだろう。実際、「非言語的コミュニケイションの問題」（一九六一）では、非言語的コミュニケイション研究が世相や風俗という新しい研究ジャンルを切り開く可能性が示されている。その直接の成果が『見世物からテレビへ』（一九六五）ということだろう。

†コミュニケイション史からメディア史へ

「コミュニケイション史」という名称を、一九八〇年代に研究生活を始めた私は素直に受け入れることができなかった。一九八〇年代は日本社会が急速に消費社会化、情報社会化した時代である。コミュニケーション（交通／通信）よりも、メディア（広告媒体／情報媒体）が切実な問題だと感じていた。その世代感覚の変化も加藤先生は予見していたのかもしれない。「コミュニケイション体系と社会体系」で、すでにそうしたメディア社会状況が先取りされている。

「われわれは、まえに古代帝国を論じて、それをコミュニケイション不足（under-communication）のシステムと名づけた。しかしそれと対照的に、現代の大規模技術社会は、コミュニケイション過剰（over-communication）のシステムとはいえないか。社会的に流通する情報量は、膨大化し、ほとんど収拾がつかない。」

コミュニケイション過剰の中で研究を始めた世代にとって、膨大化する情報をコントロールする「メディア」こそ重要だったといえるかもしれない。

「ジャーナリズム史──マス・コミュニケーション史──メディア史」という名称の変遷は、「弾丸効果モデル──限定効果モデル──新しい強力効果モデル」という学説史のパラダイム転換に重ねることもできるだろう。「ジャーナリストかくあるべし」の規範を前提とするジャーナリズム論は「科学」以前であり、マス・メディアの意味や影響を科学的に測定するマス・コミュニケーション学はその限界を突破する枠組みを提供した。だが、その後カルチュラル・スタディーズから批判されたように、大学で制度化されたマス・コミュニケーション調査（たとえば世論調査や視聴率分析など）は、文化や価値の問題に踏み込むことができなかった。本書の主題がそのタイトルの通り、文化（人間論）とコミュニケイション（社会科学）の接合にあったとすれば、加藤先生が狭義の、つまり大学の制度化されたコミュニケーション研究から離れて行った理由も理解できる。だとすれば、本書のコミュニケイション史と私の考えるメディア史はそれほど離れたものでないのかもしれない。メディア史とは、文化の再生産を前提としたメディアと社会の相互作用の時系列的分析だからである。

そもそも「メディア」というカタカナ語を最初期に使い始めた日本人研究者の一人が加藤先生である。メディア media はミディウム medium（霊媒・巫女）の複数名詞だが、今日の意味での初出例として『オックスフォード英語辞典（OED）』は新聞・雑誌・ラジオを指す「マス・ミディウム」を一九二三年の米広告業界誌『広告と販売』の記述から引いている。メディアは第一次大戦後のアメリカで「広告媒体」を示す業界用語として普及した。ちなみに、一般公開されている「加藤秀俊データベース」の検索でヒットする「メディア」の最も早い使用例は、いみじくも『電通広告論誌』（一九五六）に掲載された「メディアの効用分析」である。一方、国立国会図書館蔵書データベースでギリシャ悲劇

「王女メディア」などを除きタイトル検索すると、「メディア」をタイトルに使った最初の和図書（表紙を除き最低四九頁の非定期刊行物）はサンケイ新聞広告局企画調査課『マス・メディア・ミックスと消費者行動』（一九六三）であり、副題も含めればN・ジェイコブズ編『千万人の文化――現代社会とマス・メディア』（一九六二）が最初である。こうした広告・放送業界の「メディア」タイトル本は一九七六年から一九八〇年まで五年間で二七冊にすぎないが、次の五年間でその十倍に飛躍している。メディアという外来語は一九八〇年代の消費社会化と連動して日常語となったのである。実際、加藤秀俊データベースの新聞記事でも、初期の記事、たとえば「尊重せよ民衆の声」（『朝日新聞』一九五七年一〇月三日大阪本社版）では、「マス・メディア（新聞・ラジオなどの報道機関）」と解説付きで登場していた。

「メディア」という現代語が「広告媒体」として使用され始めた事実をより深く受け止めるべきだと考える私は、資本主義社会が成立する以前の古代史、中世史にはあえて立ち入らない。古代のコミュニケイションはともかく、古代や中世の「広告媒体（メディア）」は想定しづらいからである。その点で、古代帝国や中世村落まで縦横に論じる加藤先生のコミュニケイション史とは目的もスケールも異にしている。加藤先生が「メディア史」より「コミュニケイション史」を選んだ理由は、その文化人類学的志向にあったとも言えそうだ。

それにしても、増補改訂版で追加された「一九三〇年代のコミュニケイション」（一九七六）を読んで、私の「孫弟子」認識はますます強まった。ここでは交通と通信の技術が軍事的に考察され、第一次世界大戦の戦後（一九三〇年代）と第二次世界大戦の戦後（一九四五年以降）の連続性が論じられている。私のメディア史研究は、総力戦体制とメディア統制における戦前＝戦後の連続性を軸に展開してきた。この論文は私の連続説（たとえば「連続する情報戦争――一五年戦争を超える視点」『ファシスト的公共性』所収）の先行研究として位置づけることも可能だと気が付いた。もっと早く先生に、そして本書に出会っていれば……、そう思わせてくれる名著である。

（思索社・一九七七年）

8　ウォルター・J・オング『声の文化と文字の文化』（原著刊行年　一九八二）
——言葉と思考のテクノロジー

オング（一九一二—二〇〇三）イエズス会司祭、英文学者。セントルイス大学教授、アメリカ現代語学協会会長など歴任。

†レーニン『アジテーションとプロパガンダ』を連想

本書は、口承文化から出発して、文字の発明による歴史の成立、文字文化を技術化した印刷文化、さらに電子的コミュニケーションによる「二次的な口承文化」であるエレクトロニクス文化への流れを体系的に論じている。オング自身が日本語版への序文で明治期の高い識字率と近代化の関係にふれていることもあり、均質的で共同体的な音読から多元的で個人的な黙読への近代化をあとづけた前田愛『近代読者の成立』（一九七三）あたりを連想する読者も多いだろう。

しかし、私が本書を読みながら脳裏に浮かべていたのは、レーニン『アジテーションとプロパガンダ』（共生閣版・一九二九）である。レーニンの膨大な著作から煽動と宣伝にかかわる文章を集めたドイツ版からの翻訳である。社会主義関係の本は勤務先が変わるたびに図書室に寄贈して手元にほとんどない。この本だけを自分の書架に残した。レーニンはまずプレハーノフの言葉「宣伝者は一人或は数人の者に多くの思想を与へる。煽動者は一つ或は少数の思想を与へるにすぎないが、その代りに、その相手とするところは大衆である」を引用する。その上で、宣伝を文字の文化、煽動を声の文化に振り分けている。

「故に宣伝者は主として**活字になつた言葉**を利用し、煽動家は**口から出るまゝの**言葉を使用する。宣伝者と煽動者はその素質を同じくする必要はない。」（強調は原文）

　さらにレーニンは宣伝者と煽動者の代表例として、ドイツ社会民主党の理論家カール・カウツキーと演説家アウグスト・ベーベルをあげている。カウツキーはエンゲルス没後にマルクスの遺稿をまとめ「マルクス主義の法王」と呼ばれた。ベーベルはカトリック職人組合から労働者運動に加わり、ドイツ社会民主党を大衆化した指導者である。革命家レーニンは、論理的内容をエリートに教育するプロパガンダと、情緒的なスローガンを大衆に叩き込むアジテーションは明確に区別していた。もちろん、「革命のイエズス会」、鉄の規律を誇る前衛党としてボリシェヴィキを率いたレーニンがまず重視したのは文字の文化である。

そんなことを連想するのは、本書の著者オングがイエズス会士であり、ローマン・カラーの司祭服をまとった肖像が訳書に添えられているためだ。しかし、本書の記述がわかりやすい理由は、英文学者としてもカトリック教会の宣教の最前線にたつイエズス会士としても、オング自身がオーラリティとリテラシーの日常的な往復活動を続けていたことと無関係ではないだろう。オングの初期の仕事はマクルーハンが『グーテンベルクの銀河系』で活用した一六世紀の人文主義者ペトルス・ラムスの研究など、キリスト教哲学や修道会への関心に由来するものでカトリック神学と不可分である。ちなみに、本書でもオング自身がマクルーハンを繰り返し好意的に引用しているが、マクルーハンもプロテスタントから改宗したカトリック信者である。本書で引用される聖書（コリント人への第二の手紙）の言葉、「文字は人を殺し、霊［ことばを運ぶ息］は人を生かす。」をふくめ、オングの思考がカトリック神学と不可分であることは確かだろう。さらに言えば、著名なメディア研究者にユダヤ人やカトリック信者が多いように、メディア論の理解には多少なりとも宗教的センスが必要だと私は思う。

†「声の文化」の心理的力学

私たちは書くことによってもたらされた精神的な変化をすでに身体化している。つまり「書き言葉」を話している人間なのであり、一次的な声の文化（まったく書くことを知らない文化）について理解することは容易でない。オング自身も序文でこう述べている。

「声の文化と文字の文化との違いについてのわれわれの理解が開かれたのは、やっとエレクトロニクスの時代になってからであって、それ以前ではないからです。電子メディアと印刷とを対照させることによって、それ以前にあった書くことと声の文化の対照にわれわれは気づいたのです。エレクトロニクスの時代は、「二次的な声の文化」、つまり、電話、ラジオ、テレビによって形成される声の文化の時代でもあります。しかし、そうした声の文化は、その存立を、書くことと印刷することに負っているのです。」

なぜメディア論がメディア史でなければならないか、それをコンパクトに説明する名文である。当然ながら、書くことの前提には声としての言葉がある。しかし、研究という行為は書くことと読むことを前提とした営みでもあり、無文字社会で「研究」は成立しない。また「有史以前」という言葉が「人類が文字を使用する前」を意味するように、歴史も文字とともに始まる。つまり、声の文化の時代の「歴史研究」は二重に困難なわけである。

さらに言えば、「文字以前」であれ「有史以前」であれ、いずれも文字や歴史を前提とする時代から時系列を逆転させて無理に成立させた概念である。そうした無理は、古代神話やホメロス作品などを示す「口承文学（オーラル・リテラチャー）」という奇妙な言い回しに象徴されている、とオングはいう。それは無文字時代の口承芸術を littera（アルファベットを意味するラテン語）に由来する「文学」の枠に強引にねじ込んでおり、「書かれたものの一変種としてしか心に思い描けないわれわれの無能ぶり」を示すからである。ちなみに、近年流行の「オーラル・ヒストリー」は古代歴史ではなく、印刷メディアに加えて録音再生可能な電子メディアにも支えられた「二次的な声の文化」の現代史である。

声の文化を理解する上で特に重要なのは記憶である。声の情報は発せられる端から消えるため、記憶には再現し反復することが不可欠となる。そのためにはすぐに口に出せるような決まり文句が必要になる。例えば、ホメロスの詩で定型と対句が繰り返されるのもそのためである。こうした声の文化の決まり文句では、兵士は「勇敢な兵士」であり、王女は「美しい王女」となる。オングはこうした陳腐な決まり文句を使う声の文化の要素の残存を、「十月二十六日の栄えある革命」という定型に固執するソビエト共産主義の文化にも見出している。

口頭の発話では直前に言った内容を忘れないよう何度も繰り返しが行われるため、物語はなかなか前に進まない。このため、声の文化における精神は保守的ないし伝統主義的になる。また、すべての知識は実生活との関連で具体的に表現されるため、抽象的な語彙は発展しない。他方で、文字の文化にあっては、記憶を文字が引き受けるため精神を前に、つまり新しいものに集中することが可能になる。

「書き、さらには印刷するようになることによって、過去の再現者であるこれら博識の古老たちの値打ちはさがり、そのかわりに、なにか新しいことの発見者である若者たちの値打ちがあがるのである。」

また、具体的な聞き手がいる声の文化の語りには感情移入しやすい「闘争的なトーン」があり、言葉を客観的に扱うことはむずかしい。話全体の流れの中に言葉があるため、単語の定義にも無関心である。

「個々の単語をはっきりと非連続的な辞項とみる見かたは、書くことによってはぐくまれるのであり、書くことは、他の場合と同様ここでも、切れ目をつくり、分離をうながしているのである。」

オングによれば、聴覚は統合し、視覚は切り離す。カトリック教において聖書朗読が重視されるのは、神は人間に語りかけるものであり、文字を書き送るものとは考えられていないからである。

「口頭でのコミュニケーションは、人びとを結びつけて集団にする。読み書きするということは、こころをそれ自身に投げかえす孤独な営みである。」

語り手に聴衆は現前しているが、書き手にとって読者はつねに可能性である。もし書くという行為がなければ、自分自身に話しかけること、つまり内省も不可能である。仏教、ユダヤ教、キリスト教、イスラム教など「偉大な内省的宗教」はいずれもテクスト(聖典)をもっている。とはいえ、手書きテクストの文化では、声の文化に特有な記憶術の定型が依然として強い影響力をもっていた。

†印刷革命と二次的な声の文化

私たちは印刷やコンピュータを技術とみなすほどには、「書くこと」を技術とは考えていない。タッチパネルやキーボードで文字入力をしているにもかかわらず、いやその自然さゆえに意識することがむずかしい。だが、流動する音を空間に還元し、視覚的に配列する「書くこと」の技術的画期性はどれほど強調してもしすぎることはない。要素に分けて「見る」ことが分析であり、科学的思考も視覚的な文字とともに生まれた。

オングの議論の特徴は、母語から切断された文字の文化として「学術ラテン語」の成立を強調する点だろう。確かに、学校で習得するラテン語は、文字によって完全に統御された言語である。この生活世界から切り離された言語が純粋学問、すなわちスコラ哲学、数学、物理学の発展を支えた。ニュートンの論文ももちろん学術ラテン語で書かれたものである。

文字の配列が因果関係を明らかにする科学的記述を促し、時間順に進行する小説のプロットを標準化した。しかし、それが人々の思考スタイルにまで影響を及ぼすためには、書くことが多くの人々のうちに内面化されねばならない。そのとき人々は書くときだけでなく、話すときも文字を書くように話すようになる。それが実現したのは、活版印刷が普及する一六世紀以降である。

印刷は数ある方言の中から国民言語(国語)を台頭させ、やがて辞書の出現を契機として語彙の爆発的拡大が始まった。話すだけの言語なら二、三千語で間に合うが、標準英語はすでに一五〇万語以上が登録されている。科学論文も各国語で書かれるようになると、男性が独占していたラテン語教育も衰退した。また、手書き本は大型で教会や大学から持ち出すことはできなかったが、印刷物は小型化され個人がひとりで本を読むことを可能にした。かくして文字の文化が初めて女性に開かれたのであり、書物の執筆者としても女性は重要な存在になっていった。学校でラテン語と弁論術の訓練を受けなかった女性の文体の方が、格式ばったレトリックの少ない普通の会話に近いものになるのは当然である。それが今日の小説文体の起源になっているとオングは考えている。

　こうした小説を含む印刷本は消費者（読者）指向の文化だが、手書きの本は生産者（筆者）指向の文化だった。印刷物で登場した頁番号（ノンブル）や索引はもっぱら読者の便宜のために作成されるが、それは話の脈絡から完全に切断された情報である。

「この新しい世界では、本は、いっそう、発話ではなく、ものに似るようになった。手書き本の文化のなかでは、本を、一つの対象物というより、一種の発話として、つまり、会話のなかでの一つのできごととして見るような感覚がずっと保たれていた。」

　こうした「正確に反復できる視覚情報」の量産化によって、近代科学は成立した。印刷は言葉の私有という新しい感覚を生み出し、科学者や作家の独自性や創造性が評価されるようになった。それを購入によって認定する読書公衆を想定できる限り、著者は確信的にわが道を行くことが可能となった。個人主義の確立である。

　インターネット以前に書かれた本書で、オングはエレクトロニクス時代の「二次的な声の文化」について多くを語っていない。しかし、新しい声の文化は一次的な声の文化と驚くほど似ているという。

「この二次的な声の文化は、そのなかに人びとが参加［して一体化］するという神秘性をもち、共有的な感覚をはぐくみ、現在の瞬間を重んじ、さらには、きまり文句を用いさえするのである。」

そこにSNSのつぶやき（ツイート）に「いいね」をクリックし合うネット民の姿を読み取ることは容易だろう。印刷テクストが読者を個人の内面に向かわせたのとは対照的に、ウェブ上でネット民は共同体の幻影を追い求めているのかもしれない。

オングは本書で「メディア」という言葉を意識的に避けた理由を次のように説明している。人間のコミュニケーションを「メディア」で理解しようとすると、「情報」を送り手から受け手へ届けるパイプラインのようなものが想定されてしまう。たとえカルチュラル・スタディーズの記号化（エンコード）／解読（デコード）モデルをそこに挿入しても、実際の人間的なコミュニケーションとはほど遠いものにしか見えない。人間的なコミュニケーションは、相手の立場を先取りするようなフィードバックを必要とするものであり、受け手の立場にも立つものでなければならないのである。

それは声の文化の双方向性に依拠した主張である。さらにキリスト教神学に踏み込んで解釈すれば、印刷は文字の文化から「声」を完全に閉め出すことによって「我」と「汝」の共存ないしは統合の感覚を破壊してしまった。この「我」と「汝」の間に割り込むメディアの機能をオングは分割／分断として批判的にとらえている。いずれにせよ本書を読みながら、私の脳裏に浮かぶオングの姿は、書斎でひとり聖書を読む神学者の姿ではない。

聖堂で歌ミサを捧げる司祭なのである。

Walter J. Ong, *Orality and Literacy: The Technologizing of the Word*, Methuen, 1982.

（邦訳：桜井直文・林正寛・糟谷啓介訳、藤原書店・一九九一）

9　リチャード・ホガート『読み書き能力の効用』（原著刊行年　一九五七）
――原点カルチュラル・スタディーズ

ホガート（一九一八―二〇一四）バーミンガム大学英文学教授。現代文化研究センター（CCCS）初代所長としてカルチュラル・スタディーズの確立者。

†運動史と日常史の間

本書はリーズ（イングランド北部の商業都市）の労働者階級出身である著者が自らの体験を踏まえて、二〇世紀前半の労働者の生活様式や心性にマス・メディアが与えた影響を批判的に論じたカルチュラル・スタディーズの金字塔である。イニス、マクルーハンら「トロント学派」に対して、「バーミンガム学派」の代表者としてCCCS二代目所長スチュアート・ホールと並べられることも多い。

教育の普及により労働者が読む力を得たことで、民衆文化はどのように変貌したか。週刊紙、大衆小説、ポルノグラフィ、流行歌、コマーシャル・ソングなどの内容が具体的に分析されている。ホガート自身が「民衆文化」と「大衆文化」を明確に使い分けているわけではないが、労働者階級に固有の文化を商品化した新しい大衆文化が古い伝統的態度を破壊してゆく様子を独特の哀調とともに記述している。

大学院時代、一九八五年から翌年にかけて西洋史研究室の友人と二人で労働者文化研究の英語論文を一緒に読む読書会をやっていた。社会史ブームの最中で、ドイツ現代史でも「労働運動史から労働者文化史への転換」が叫ばれていた。そうした国際的潮流を理解しようとして、本書やレイモンド・ウィリアムズ『長い革命』(原著一九六一、一九八三)も読んだ。日本の歴史学会には労働者の生活全体における政治的要素を過大に評価する階級闘争史観がなお根強く残っていた。それゆえ、労働者の日常的な生活や態度を描くホガートの叙述は新鮮だった。

それから一〇年後、私が大学教員になっていた一九九四年頃のメディア研究ではカルチュラル・スタディーズがブームだった。それにはあまり魅力を感じなかった。むしろ意識的に距離を置いていたわけだが、「労働者的公共性」を論じた私の博士論文『大衆宣伝の神話』(一九九二)も書店ではカルスタ棚に並んでいた。確かに、問題意識においては「カルスタの父」ホガートから影響を受けたかもしれない。

メディア論としてはウィリアムズ『長い革命』の方が体系的だが、あえて本書を選んだ理由は香内三郎先生の訳だからである。東大新聞研の助手時代に石神井のご自宅を後藤嘉宏さん（現・筑波大教授）とともにおじゃました。玄関先から床一面に本が積まれた空間で、私は当時書いていた「総力戦体制と思想戦の言説空間」（山之内靖ほか編『総力戦と現代化』一九九五）の内容などを語った。香内先生の代表的な仕事は『活字文化の誕生』（一九八二）など近代イギリス出版文化史だが、先生が新聞研助手時代に書かれた「日本の政治宣伝」（南博編『応用社会心理学講座第四巻　広告・宣伝』一九五九）などに感銘を受けていた。そうした大衆目線での宣伝研究を私は引き継ぎたいと思っていた。

　本書はホガートの祖父母と両親が労働者として生きた一九世紀後半を描く第一部「より古い秩序」と、ホガート自身が奨学金を得て階級移動した二〇世紀前半の大衆文化を分析する第二部「新しい態度に席をゆずる過程」からなっている。歴史家としては第二部のメディア論よりも第一部の労働者ミリューの考察が圧倒的に面白い。ホガートも自戒はしているものの、「以前はよかった」式のロマン主義的色合いは濃厚である。そこには「高級文化vs大衆文化」の対抗図式でエリート的教養を強く擁護したT・S・エリオットやF・R・リーヴィスなど『スクルーティニー』派の影響も確認できる。次のように述べるホガートが、彼ら文化保守主義者の影響下で執筆したことは明らかである。

「生活の多くの側面で、大量生産はよい結果をもたらした。文化的には、量産された悪いものが、いいものをいいものとして承認すること自体を、ひどく難かしくしている。「ギリギリの必要」、労働生活の人を圧し潰すようなきつさは、大幅に軽減されてきた。勤労民衆は、より自由になった。が同時に、その自由は気ままな欲望充足を叫び立てる、広大な虚栄の市の自由でもある。」

†オーディエンス・エスノグラフィーの原点

ホガートによれば、労働者は一つの仕事に属しているというよりもその地域に属している。この階級文化では「おれたち」と「やつら」の境界が日常的に重視されていた。たとえば、労働者が職長や下士官になるのをためらうのは「やつら」の側の人間だと仲間に見られたくないからである。「おれたち」の世界で自尊心をもって生きるために、重視するのは「手に職をつける」ことである。熟練労働者なら自信をもって「○○では誰にも負けねえ」と言えるからだ。他方、ホガートのような上級学校に進学する人間は「やつら」の世界をめざす裏切り者である。こうした労働者階級の反学校文化については、P・E・ウィリス『ハマータウンの野郎ども』（原著一九七七、ちくま学芸文庫）で詳しく分析されている。

高等教育を受けた知識人なら政治や社会問題を抽象的概念で論じる新聞論説も読むだろ

う。しかし、そうした読書習慣のない労働者が日曜新聞で好んで目を通すのは、具体的で個人的な犯罪、スポーツ、王室ゴシップなどの記事である。彼らは「じかに手のとどくもの、ただいま現在、陽気なこと」を重視しており、将来の目標や理想のために計画するという生き方とは無縁である。宵越しのゼニだけでなく、スケジュール管理の手帳や内省の日記も持とうとしない。彼らの趣味はパブ兼クラブで陽気に「きまりきった慣習的な歌」を合唱することである。その歌にはミュージック・ホールのヒット曲も含まれる。ホガートはそれを次のように評価している。

「これらは、厳密な意味できまりきった慣習的な歌なのだ。その目的は聞き手に、できるだけ直接に、すでに知られている情感の型を提示することにある。それらは、独自の創造というよりも、それぞれの感情帯を開く慣習的な記号の組合わせ、にしかすぎない。」

それはオングのいう「声の文化」の系譜に連なっており、「文字の文化」とは大きく異なっていた（↓8）。こうしたオーラリティを好む労働者の「より古い」態度も、二〇世紀初頭から「進歩主義」の影響により急速に変化していった。もちろん、ホガートも二〇世紀になって労働者の生活水準が向上し、環境が改善されたことは認めている。

「労働者階級の人群みのなかに入ると、ツンと鼻を刺す臭いがする、といった話はもう聞かれない。」

そうした物質的生活の進歩と同時進行する文化的な退歩にホガートはあえて注目する。特に、読み書き能力を身につけた労働者が好む大衆的出版物が問題なのだという。そうした読み物は最大多数の読者を集めようとするため、労働者階級と中産階級で形式上の区別は設定されていない。実際、読者数が多くなればなるほど、内容でも階級差はなくなる。大衆新聞において「おれたち」の世界と「やつら」の世界の境界はもはや消滅しているのだ。

それはジューク・ボックスの流行歌でも犯罪小説やポルノグラフィでも同じことだ。本書で分析されているのは印刷物だが、「細部を適当に若干修正すれば、出版物からひき出された結論はそのまま映画、ラジオ、テレビ（とくに商業的、スポンサーのついたもの）、大規模広告のすすめている諸傾向にもあてはまる」とホガートは主張する。イギリスで商業チャンネルＩＴＶ（独立テレビ）の放送が開始されたのは、本書刊行の二年前、一九五五年のことである。その後のテレビ文化を展望してホガートはこう註記している。「二〇世紀の終りごろになれば、人口の大多数に書かれた言葉が影響をあたええた時期は、結局短期間で、ほとんど無視してもいいぐらい幕合い期間であったかも知れぬ、と言った思いつき予測を口にしたくもなる。もしそうだとすれば、これまで、十九世紀の後半まで支配的だった口頭の、ローカルな文化が、また再び口頭の伝統が回復するだけの話になるが、つけ加えれば置きかわったものは、オーラルであると同時に視覚的で、巨大な公的性格をおびたものになるのだ。」

たとえ「思いつき予測」ではあれ、人口の大多数が印刷物を読むと想定できる時期はごく短いとの指摘は衝撃的だ。日本の場合であれば、全国紙時代のスタートから一〇〇年というところだろう。大阪朝日新聞と大阪毎日新聞が百万部宣言をした一九二四年から数えれば、残された時間はあとわずかなのである。

†能動的な受け手たちの伝統

労働者階級の「おれたち」の世界の破綻は、ホガート自身がその一人である「奨学生の資格をとった少年たち」によっても体現されている。彼らは博士号を取り官僚や学者になるわけだが、「もうどの集団にも、本当は属していない」と実感している。むろん労働者の世界に留まりながら成人教育に参加する「熱意ある少数者」も存在するが、彼らのように『タイムズ』を読み、BBCの教養番組を視聴し、ペリカン・ブックス（岩波新書のモデル）を購入する労働者は限られている。

「人口の大多数がいつか『タイムズ』紙を読む日がくるだろうなどと期待するのは、人間存在がいつの日か体の構造まで変わるだろうと願うのと同じで、一種の知的俗物主義におち入ることでしかない。品のいい週刊誌を読む能力が、そのままよい生活を送るのに必要欠ぐべからざるものではない。」(強調は原文)

ホガートは労働者が「高級文化」に触れないことが問題だとは考えていない。むしろ古いスタイルの庶民的娯楽が育んできた労働者階級の実感的識別力、内面からの知恵というべきものが損なわれることを悲しんでいる。

「真理に触れるには、ほかの道がいくらもある。より詰らない大衆娯楽に私が反対する最大の理由は、それが読者を「高級」にさせないからではなく、それが知的な性向をもっていない人びとがかれらなりの道をとおって賢くなるのを邪魔するからなのだ。」

個人的に消費される大衆娯楽の画一的商品は、かつて労働者階級がもっていた「より積極的な、より充実した、もっと協同で楽しむ種類の娯楽」を干し上げていく。よく人を楽しませる者が、そのことで一番自分も楽しむことができた「おれたちの世界」は、スターの代行作用で満足する「見物人の世界」に変わったのである。

それでも、労働者階級には「黙って無視するという偉大な能力、ただ影響を受けたふりをして、物事を「なりゆきに委(まか)せる」というやり方」がいくぶんなりとも温存されている。この能動的に採用された「なりゆきに委せる」コードは、道徳的資質として積極的に評価すべきとされている。一方で、ホガートは労働者のメディア行動が能動的である事例として、さまざまな趣味活動を挙げている。日常の仕事では自発性を示せない労働者も、自ら選択し自発的にふるまう私的な領域を趣味として確保している。彼らに人気のあるペット飼育や家庭菜園については何種類もの雑誌が刊行されており、関連する同好クラブの活動も盛んである。政治問題を「黙って無視する」としても、それも積極的な選択なのだ。ここに萌芽的なアクティブ・オーディエンス論を読み込むこともできる。

こうしてメディアの受け手の研究に民俗史的視点を導入した本書は、カルチュラル・スタディーズの原点となった。ここからテレビ視聴のエスノグラフィー研究への距離はあと一歩だろう。ただし、ホガートは大衆文化が能動的な彼らを高度に消費的な「ふつうの人間」にしてしまう危険性も指摘している。

「これから立ち現われるふつうの人間のタイプは、動作は単純明快、いってみれば高度に複雑な機械で、セントラル・ヒーティングの部屋のロッカーには、大量生産の性・暴力小説の最新刊をもっていて――特徴的な表題をつけるとすれば、『簡単にや脱がない女もいる』――ラジオの「お仲間」ショウを聞く合間あいまに読んでいる、といったところになるか。」

こうした文化的に無階級な「ふつうの人間」は、まさに読み書き能力の普及によって可能になった。単純労働に従事する中産階級下層と労働者階級の文化的境界はなくなっても、この新しいカースト制度に向けた「顔のない」文化は日々量産されている。「いまや、より古く、より狭い、がずっと純粋だった階級文化が、大衆的意見、大量娯楽商品、規格化された感情反応のために浸食されつつある。クラブ・合唱の世界はしだいに類型的なラジオのダンス音楽、クルーニング［つぶやくような歌い方］、テレビ・キャバレー、コマーシャル・ラジオのバライエティによって、しだいに置き換えられつつある。」

ホガートはこの危機意識を共有しないメディア研究者にいら立っていた。大衆社会における「文化の堕落」を認識しつつも、「文化のスラム街探訪に出かけるほどサバけていることを、むしろ誇り顔に告白したりする」インテリたちに、である。そのいらだちを「反時代的」のレッテルで片づけることは私にはできない。

Richard Hoggart, *The uses of literacy: aspects of working-class life, with special reference to publications and entertainments*, Chatto and Windus, 1957.

（邦訳：香内三郎訳、晶文社・一九七四）

10　ニール・ポストマン『子どもはもういない』（原著刊行年　一九八二）

——教育と文化への警告

ポストマン（一九三一—二〇〇三）　メディア・エコロジスト、ニューヨーク大学教授。コロンビア大学で教育学博士号を取得、『技術 vs 人間』など。

†教育のメディア史

学問的評価も、好き嫌いも大きく別れる本であろう。だが、これほど教育関係者にインパクトを与えたメディア論はめずらしい。

私が長らく積読状態だった理由は、「子どもはもういない」というタイトルにある。「それで？　何が新しいの？」と感じたからである。邦訳刊行の前年、一九八四年には「新人類」という新造語もマーケティング情報誌『アクロス』（パルコ出版）などで使用され始めていた。浅田彰などニュー・アカデミズムの惹句「知と戯れる」も、大人（知）と子供（戯）の境界線の消失を象徴していた。一九八〇年代の「新人類」大学院生の一人として、

「子どもはもういない」というフレーズに私がどう反応したかは想像できる。

「当然でしょう。で、何か？」

さらに言えば、東大新聞研の竹内郁郎ゼミでメイロウィッツ『場所感の喪失』（↓24）の英書を輪読して以来、電子メディア時代に読み書き訓練の場所（学校）、性的規範など道徳を身につける場所（家庭）が揺らぐのは自明なことと考えていた。

二〇〇四年に京大教育学部に着任してから、何度か基礎ゼミで学生と読んだ。子供や教育に関心がある学生には大変好評だった。まず「子供期の消滅」に驚き、やがて納得する様子を目にした。子供がいなくなれば、学校教育だって必要なくなる。子供と大人の境線がなくなるからこそ、生涯学習が求められているのだ。いわゆる「ゆとり教育」もそうした継ぎ目のない（シームレス）社会を見つめた上での政策だった。そう解説すると、「なるほど、そういうことか」と学生はみな大きく頷く。学生だけではない。一九八〇年代の「ポスト近代（モダン）」流行の中でポストマンに飛びついた教育学研究者も少なくない。もっとも、著者の名前には「ポスト人間（マン）」を予感させる反教育的ひびきもあるわけだが……。

いずれにせよ、教育関係者に向けたタイトルの挑発的な意訳「子どもはもういない」は成功といえる。しかし、直訳して「子供期の消滅」とした方が、本書の構成は理解しやすい。本書が前提とするのは、フランス・アナール派社会史の代表作、フィリップ・アリエス『〈子供〉の誕生――アンシァン・レジーム期の子供と家族生活』（原著一九六〇、一九八〇）である。アリエスは「子供」が生物学的な概念ではなく、文化的に構築される概念として近代に成立したこと、その「子供」概念こそが学校教育と近代家族のシステムを生み出したことを明らかにした。ポストマンはこの近代的概念がテレビ普及とともに一九五〇年代のアメリカで崩壊したと主張する。本書のタイトルはアリエスに倣って「〈子供〉の消滅――ポストモダン期の人間とテレビ生活」とすることもできよう。印刷機から生まれた子供期が電子メディアによって消滅するプロセス、つまり子供に焦点を当ててグーテンベルクの活字銀河からモールスの電信銀河への展開をあとづけるメディア論である。

第Ⅰ部「つくられた子ども期」はエリザベス・アイゼンステインなど既存の「印刷革命」論を要約した内容である。オリジナリティは第Ⅱ部「子ども期の消滅」にある。子供期の消滅と連動するファクターとして、ポストマンは読み書き能力、教育、羞恥心の三要素を挙げている。前二者はこれまでのメディア論でも指摘されてきたが、羞恥心を加えた点が新しい。もちろん、同じくテレビによる性的情報の氾濫を問題視するマリー・ウィン『子ども時代を失った子どもたち』（原著一九八三、一九八四）も同時期に刊行されており、ポストマンの独創的な主張ではない。しかし、活字メディアから電子メディアへの展開の中で、テレビを「秘密のないメディア」として位置づけたことは重要である。学校はもちろん「教育制度としての家族」にも「秘密のないメディア」は深刻な影響を及ぼしたからである。

†ニューメディア有害論？

ポストマンはいわゆる技術決定論者ではない。一五世紀の欧州の「近代」意識が印刷機を必要としたのであり、印刷機が近代、たとえば個人主義を生み出したのではないと断言している。もし、そうでなければ膠泥(こうでい)活字の一二世紀中国（北宋）や銅活字の一三世紀朝鮮（高麗）で近代が始まったはずである。

不思議なことは、この真っ当な論理をポストマンはテレビには適用していないことである。「秘密のないメディア」を受け入れる社会意識がすでに一九五〇年のアメリカに存在していたと考えるべきではないのか。実際、テレビの登場以前、つまり子供期の絶頂期（一八五〇〜一九五〇）から電信技術によるニュースの商品化、情報の過剰生産は始まっていた。

それは必然的に「管理された情報と発達段階別の学業という原理に依存する」子供期の解体につながる。ブーアスティンが指摘した報道写真の登場、いわゆるグラフィック革命（→18）も、読み書き能力を媒介しない情報アクセスを可能にした。「画像にはＡＢＣはない」のであり、その理解に文法も語彙も綴りも必要ない。テレビの特性をポストマンは三つ挙げている。その内容を理解する教育が不要であり、精神や行動に対して複雑な要求をせず、視聴者を選ばない。だとすれば、テレビは子供期の消滅の原因ではなく、グラフィック革命の結果にすぎないのではないのか。それにもかかわらず、ニュースを娯楽化し、理性的討議の習慣を破壊した元凶として、もっぱらテレビを告発するのである。そこに私はメディア論者というより、教育者の横顔を見てしまう。

それまで大人が独占していた性や暴力などの情報に子供もアクセスできることで、羞恥心が希薄化し、モラルが低下する、とポストマンはいう。読み書き能力と同じく、マナーも「習得した自制心の程度」を示すものである。テレビ視聴は読み書き能力（を学ぶ学校）を求めず、マナー（を身に着ける家庭）を必要としない。子供期を守るためには、有害なテレビから学校と家庭を守ることが必要だとポストマンは主張する。興味深いのは、政治的にはリベラルなポストマンが当時のラディカル派に愛読されていたイヴァン・イリッチ『脱学校の社会』（原著一九七一、一九七七）を「反動的」とやり玉にあげていることだ。イリッチは近代によって大人と子供が分離されたことそのものが問題だと考えており、子供を地域社会の生活から切り離し「大人にならないようにしている」義務教育に反対した。

「イリッチの論拠は、いまや情報は広くばらまかれており、多くの情報源から入手でき、高度の読み書き能力を必要としない方法で体系化でき、そのために学校が学習の水源としての意味をほとんど失ってしまったという事実にもとめられている。さらに、子ども時代と成年期のあいだの区別がますますうすれ、子どもたちがますます大人を獲得することがなくなり、ますますなにかになることがなくなるにつれ、学校制度の義務的な性格は確たる根拠を失いはじめているという。」（強調は原文）

状況認識は共有されているためだろうか、ポストマンのイリッチ批判はいささか投げやりである。子供期の消滅とともに学校も消滅する運命なのだから、余計な提案などせず黙って待っていろ、と言うのである。

その一方で、有害なテレビ番組から子供を守れとスポンサーへの非買運動を組織する「反動的な」キリスト教原理主義運動の主張には理解を示している。

「リベラルな伝統は、新しいものならなんでも寛容に受け入れ、したがって「時計の針を逆にまわそう」とするものにはなんでも反対することで、子ども期の衰退を助長してきたのである。」

ポストマンは「表現の自由」よりも羞恥心とモラルを尊重するテレビ規制論者であり、その限りでは時計の針が逆にまわることを願っている。終章で「いまおこっていることにたいして、個人的な抵抗は無力だろうか？」と自問し、「無力ではない」と答えている。その最も効果的な方法として「子どもがメディアに身をさらす量を制限すること」、さらに「子どもたちがさらされるものを注意深く監視すること」（強調は原文）を提言する。それは誰にでもできることではない。子供期を維持しようとする反時代的な「崇高な仕事」を遂行する親たちは、「一種の知的エリート」を育てることになる。それは中世において古代ギリシャの人文主義が修道院で温存されたように、エリートによって人文主義的伝統は保持されることになる。

こうした主張に賛否があるのは当然だろう。有害メディア規制論争では、ポストマン自身がそうであるように、政治的にリベラルな教育学者がむしろ反動的なエリート文化擁護を唱える姿をしばしば目にする。いつの時代であれ、ニューメディアは旧世代にとっての「目新しさ」ゆえに有害性の告発を受けてきた。明治期に「不良」文化だった小説、大正期に「悪所」だった映画館、昭和戦前期に「低俗」と非難されたラジオ、昭和戦後期に「一億総白痴化」と告発されたテレビ、平成期に「ゲーム脳」などが語られたパソコン、令和期の今日も続くSNS批判などである。私はメディア研究者として、こうしたニューメディア有害論の虚構性を指摘してきた（拙著『流言のメディア史』二〇一九の「はじめに」を参照）。

私たちが社会の変化を最も敏感に感じ取れる表象がニューメディアであり、その有害論は伝統的な生活習慣に固執したい年長世代が抱く変化への違和感を正当化してくれる。科学技術の発展や進歩そのものに公然と反対を表明する人は少ない。しかし、それがもたらす生活の変化に反発する心情は年長世代の多くに共有されており、それがニューメディア有害論の受け皿となる。それゆえ、糾弾の対象となるメディアは基軸メディアの変化とともに変化する。

ポストマン自身は生涯、タイプライターもパソコンも所有せず、手書きのみで執筆したという。信条を貫いたというべきかもしれない。しかし、「ウェブ2・0」時代が始まる前に亡くなっているので、その後もテレビ批判を貫いたかどうかはわからない。少なくとも一九九〇年代には、教室におけるパソコン利用に反対を表明している。学校とは集団的に学ぶ場所であり、学びは個別化されるべきではないというのである。

†生涯学習社会の偽善

本書が教育論として受け入れられた背景には、ユネスコが提唱した「生涯教育」（ポール・ラングラン、一九六五）やOECDが採用した「リカレント教育」（一九七〇）など生涯学習社会への展望があったことはまちがいない。子供と大人の境界がなくなる過程で、青年期も縮小しやがて消えるとポストマンは考えていた。幼児期と老年期の間にあいまいな大人＝子供期がある社会である。

それゆえ「子どもはもういない」は、「大人はもういない」なのである。保護と教育を必要とし、羞恥心を欠いた成人はかつて大人とは呼ばれなかったからである。次の言葉も少子化が進む日本でより真実味を帯びて聞こえる。

「アメリカの大人たちは自分が子どもたちの親でありたいとねがうよりも、ますます子ども自身でありたいとねがうようになっている」。

当然ながら、ポストマンはテレビを生涯学習社会の教育メディアとして活用することには積極的であり、自らもテレビ出演も繰り返した。

「テレビは、物理的、経済的、認識的束縛、あるいは想像力の束縛のまったくない他学区自由入学制の技術である。六歳の子どもも六十歳の人も、テレビに映ることを経験する資格は平等だ。この意味で、テレビは、話言葉にまさる、極端に平等主義的なコミュニケーションのメディアなのである。」

「生涯学習」という言葉は今でも成人教育のニュアンスで使われることが多いが、当初から子供の「学校外」教育をも取り込んで下方へも対象を拡大する概念であった。本来は文字の読み書き能力を意味したリテラシーも、映像リテラシー、テレビ・リテラシー、ネット・リテラシーとスライドさせていけば、子供と大人の境界はますますあいまいになる。ビデオやコンピュータの操作なら、子供のほうがはるかに詳しい知識を持つ場合もめずらしくない。

　こうした双方向メディアを基軸とする情報社会で「送り手／受け手」の境界線もゆらいでいる。情報社会で生産者（プロデューサー）と消費者（コンシューマー）の区別はなくなり、「プロシューマー」が一般化することは本書以前に予言されていた（アルヴィン・トフラー『第三の波』原著一九八〇、中公文庫）。そう考えると、いまも教師／生徒、親／子供の境界が消えていないことの方が不思議なのかもしれない。こうした境界が消えた社会で、メディア・リテラシーの教育学は有効に機能するのだろうか。活字時代の「読み書き能力」を子供に教えるという伝統的営みの延長上で情報社会のメディア・リテラシーを考えることは危険である。それはメディアの送り手／受け手を教師／生徒にダブらせてしまうためだ。正解を知る教師が無知な生徒を啓蒙し一人前の市民に育て上げる、そうした近代教育のまなざしである。その立ち位置では、送り手と教師、そして親が自己反省の契機を見出すことは容易ではないだろう。

　そこまですべてを理解した上で、ポストマンはあえてテレビ有害論を「偽善」的に展開していたのかもしれない。子供期は偽善がなければ存在しない。偽善とは知識における公／私の使い分けであり、一種の社会的理想主義である。性や暴力の情報を秘密として子供から遠ざける偽善は、許容されるべき理想主義なのではないか。ポストマンはこう述べている。

「大人の暴力と道徳上の愚行の「事実」を子どもからかくすことが偽善なら、かえってそうすることが賢明である」

Neil Postman, *The Disappearance of Childhood*, Delacorte Pr., 1982.
（邦訳：小柴一訳、新樹社・改訂版　一九九五）

Ⅲ 情報統制とシンボル操作

11　清水幾太郎『流言蜚語』（一九三七）――潜在的輿論としてのうわさ

清水幾太郎（一九〇七―一九八八）社会学者。読売新聞論説委員、学習院大学教授など歴任。『清水幾太郎著作集』全一九巻など。

†危機のメディア論

二〇二〇年春、コロナ禍の流言に関してマスコミからコメントや寄稿を多く求められた。『流言のメディア史』（二〇一九）の影響なのだが、実は二〇〇三年のSARS報道のときも同じような取材を受けている。そのときも、本書を書架から引き出して読んだ。再読三読に耐えるものを名著というわけだが、この「名著30」にしても実際に何度も読み直すものは意外と少ない。本書は私にとって実用的な名著なのである。

二・二六事件の一年後に刊行された日本評論社版（一九三七）も、敗戦後の岩波書店版（一九四七）も長らく品切れだったが、三・一一東日本大震災後、「日本人の自然観――関東大震災」などを増補してちくま学芸文庫（二〇一一）で復刊されている。クーデター、敗戦、震災、パンデミックと危機の時代に読まれるメディア論である。文庫での復刊はうれしいが、刊行のタイミングと増補は読者に無用のバイアスを与えたのかもしれない。なるほど、清水が流言に興味を持ったきっかけに少年時代の関東大震災体験があった、と初版の序で書いている。そのため、「流言蜚語だけが人間を動かす唯一の力であるやうな時期」（岩波書店版の序）は震災時を指しているように誤解されがちである。しかし、本書は二・二六事件直後に執筆した「流言蜚語の社会性」（『中央公論』一九三六年四月号）および「デマの社会性」（『文藝春秋』同）をまとめたものだ。もし本当に「朝鮮人来襲」流言の恐怖を念頭に執筆された文章なら、果たして清水は「流言蜚語の生産性」を指摘し、「デマや流言蜚語の味方ばかりして来た」とまで書けただろうか。

「流言蜚語の生産性は場合によつては極めて大であつて、公衆の意見の生産性を遥かに凌駕することがある。」

流言やうわさ関連の名著として、オルポート&ポストマン『デマの心理学』（原著一九四七、一九五二）あるいはエドガール・モラン『オルレアンのうわさ』（原著一九六九、一九七三。原著第2版一九七〇、一九八〇）などを選ぶべきか、と最後まで迷った。

流言報道では、オルポート&ポストマンの公式「R＝i×a」の説明から始まる記事がいまも多い。流言（Rumour）は受け手における当該情報の重要性（importance）と裏付ける情況の曖昧さ（ambiguity）の積に比例して拡散するというものだ。つまり、生死に関わる情報の裏付けが取れない場合に流言の拡散は極大化するわけである。

また、一九六九年のフランスで広まったユダヤ人による女性誘拐のうわさを分析したモランの著作も、反ユダヤ主義とも関連するうわさの構造分析として読み応えがある。ドイツ現代史からスタートした私にとって最も興味あるうわさである。それ以上に訳者の杉山光信先生は私を新聞研の助手に推薦してくださった恩師である。私が山之内靖先生の国際共同研究「戦時動員と構造変動―比較分析」（一九九五〜九七）に加わるきっかけも杉山先生のお誘いからだった。うわさのフィールド調査に関心のある読者は是非、そちらもお読みいただきたい。

それにしても、私が日本学術振興会特別研究員として入った一九八九年当時の東大新聞研究所は「メディアとしての流言」を学ぶには最適の環境だった。私は杉山先生の社会史ゼミにも広井脩先生の災害情報学ゼミにも参加していた。広井先生にはタモツ・シブタニ『流言と社会』（原著一九六六、一九八五）の翻訳や『うわさと誤報の社会心理』（一九八八）などの著作があった。広井ゼミで一緒だった松田美佐さん（現・中央大学教授）の『うわさとは何か――ネットで変容する「最も古いメディア」』（二〇一四）は最良の入門書である。松田が「古典」として取り上げている三冊は、清水、オルポート&ポストマン、タモツ・シブタニの著作である。しかし、清水の以外はいずれも社会心理学の調査研究であり、メディアや輿論との関連で流言を考察したものではない。その意味では、第一部「流言蜚語と報道」、第二部「流言蜚語と輿論」で構成された本書こそ、メディア論の先駆的名著である。

†「アブノーマルな報道形態」としての流言

本書を読んで驚くのは、文体こそ古いものの、その内容の新しさである。たとえば、第一部第一節「報道の機能」にある次の文章など、その四半世紀後にマルクーハンが主張する人間拡張のメディア論（↓29）そのものである。

「電信、電話、ラヂオ、新聞、さういふものは吾々の感覚器官の延長であり補足であるといふよりも既に今日では吾々の感覚器官そのものになつてゐると言へるかも知れない。」

清水が引用している箴言も、本書の書かれた一九三〇年代より情報社会の今日でこそ身につまされる。

「嘗て（かつ）ゲーテは言つた。「若し二三ケ月の間新聞を読まずにゐて、それからまとめて読んだら、この紙片のために如何に莫大な時間を浪費してゐるかが判るであらう。」更にニーチェはかう言つてゐる。「ドイツ人は火薬を発明した――結構なことである。併し彼等はこれを帳消にしてしまつた――それは新聞を発明したからである。」」

こうした新聞批判をゲーテやニーチェができたのは、「ノーマルな報道、通信、交通を十分に享受することが出来たからのこと」だと清水はいうのである。そうした感覚器官がマヒしたとき、大衆は荒唐無稽なうわさも無批判に受け入れてしまう。

「軽信性は愚民の特徴だと言はれるが、かういふ場合に動じないのは余程の賢者か狂人である。関東大震災の時に落着いてゐたために助かつた若干の人はその落着きを賞讃されたが、併しこの同じ落着きのために生命を棄てた多くの人々に対して世間は最早この落着きを讃へはしない。この場合にはそれは落着きといふ名さへ与へられないのである。」

リアリスト清水の面目躍如たる文章である。ただし、ここで関東大震災を例示するのは検閲対策上の偽装であって、議論の本筋は二・二六事件だったはずだ。二・二六事件では、一九〇五年日比谷焼き打ち事件、一九二三年関東大震災につづき三度目にして最後の戒厳令が布かれた。治安当局による新聞統制は関東大震災の教訓を踏まえて徹底を極めた。三月一日に報道が解禁されるまでの四日間、日本中の新聞は完全に官報と化し、「帝都は平穏」という当局発表を繰り返した。その戒厳状況下で流言蜚語はいかなる社会的意味を持ったのか。清水が問題にしたのは、まさにこの二・二六事件時における「デマの社会性」だった。

「新聞の官報化は民衆がその眼や耳を失ふことではないまでも、尠（すくな）くとも眼が近くなり耳が遠くなることを意味する。（……）新聞が独自の機能を失つて官報化すればするほど、その空隙を埋めるものとして流言蜚語が蔓（はびこ）つて来る。「検閲の厳格の程度と流言蜚語の量とは一般に正比例す」といふ法則が立てられるかも知れない。」

なるほど、欠乏があるところに需要は生まれる。情報の不足を想像力で補った流言が虚偽であるにもかかわらず、現実以上の真実である場合も少なくない。支配者にとっては不都合だとしても、大衆にとって流言は不可欠なものではないのか。

「人々が通常報道と流言蜚語とを区別してゐるのは両者の内容によつてでなく、両者の形式によつてなのである。」（強調は原文）

形式とは第一に署名人の有無（匿名か実名か）であり、第二に文字か口頭かであり、第三に検閲の有無である。内容を問題とするジャーナリズム論より、形式を問題とするメディア論に清水がよっていることがわかる。その内容において、こう結論づけるのは当然なのだ。

「本当の報道と流言蜚語とを区別することは出来ない。これは悲しむべき結論であるかも知れない。併し自然に生じた結論である。」

もちろん、「永い時間が経つた後なら」両者の区別は可能であることを清水も認める。

しかし、「時間を置いたニュース」にニュース本来の意味はない。だからこそ、いま行動しようとする民衆はデマをニュースとして受け取るわけだが、それは社会参加にとって必要不可欠な行為である。清水の議論はそうした能動的なニュースの受け手を想定していた。

†潜在的輿論としての流言

マス・コミュニケーション研究ではデマや流言は情報伝達にともなう排除すべきノイズと考えられることが多い。だが、清水はそれを能動的な受け手が必要とする「アブノーマルな報道」と評価した。その上で日中戦争が始まる直前に、次のような文章を清水が書けたことはおどろきである。今日でもまったく古びない言葉である。

「流言は国家を審(つまびら)くものであると言へないであらうか。尠(すくな)くとも流言蜚語は国家を試すものではないであらうか。以上のやうな事情［今風に言えば「情報のグローバル化」］の下にあつては、民衆から信頼されてゐる国家のみが動揺を免れることが出来る。若(もし)しもこの信頼が根のないものであつたり、単に表面的のものであつたりしたならば、外国から来た一片の報道によつても国家の秩序は根本的に攪乱されるのを免れ得ない。国家が如何なる程度に於いて信頼されてゐるかを最もよく示すものは、外国から流言蜚語が訪れた時である。」

ここでやめておけば、良かったのかもしれない。ここで止めておくのが普通だが、清水はさらに文章を続けてしまう。それが切れ味の良い社会学者の社会学者たるゆえんだが、鋭利にすぎる社会学者は人に好かれない。むろん、それを引用する歴史家もあまり好かれない。

「愛人を真に深く愛するもののみが愛人に関する不利な風評を一笑に附することが出来るのと同じである。併しこのやうに深く愛する人が甚だ稀であるやうに、完全に民衆から信頼されてゐる国家もまた稀である。」

清水は流言蜚語を国家と国民の感情的結合、つまりナショナリズムの試金石と見ていた。つまり、戦時とはその愛が試されるときであり、流言状況はその国民感情のバロメーターなのである。ちなみに、科学的世論調査の歴史は二・二六事件の前年、一九三五年にジョージ・ギャラップのアメリカ世論研究所設立によって始まる。世論調査は大衆の政治参加を掲げたニューディール政治の中で「大衆の国民化」(↓5)を強力に推進する力になった。政治の大衆化がすすむ戦前の日本でもアメリカの世論調査は注目されていたが、国家がまず統制しようとしたのは流言であった。

清水は流言が輿論の機能的代替物となりうることを、検閲当局以上に正しく認識していた。リップマン『世論』(一九二二↓21)を清水が参照していることは、疑似環境を論じた

第一部第七節「環境とイメージ」で詳しく紹介していることでも明らかである。当然、リップマンが個人的な認知心理学的ミクロ・レベルの public opinions（世論）と集合的な社会学的マクロ・レベルの Public Opinion（輿論）を小文字と大文字で使い分けていたことも知っていた。第二部が「二種の輿論」で始まるのもそのためである。公的な「顕在的輿論」と私的な「潜在的輿論」は、種類であるとともに段階である。前者はすべて後者から発展したものだからである。

「デモクラシーの余り発達してゐない国々に於いては潜在的輿論のうちで顕在的輿論に発達し得るものは極めて少数である。他は凡て潜在的な形態のままで何処かへ消えて行かねばならぬ。」

こうした潜在的輿論は「アブノーマルな輿論」すなわち流言蜚語であり、「流言蜚語の数は輿論統制の強度の函数である」。だとすれば流言蜚語をただ無責任なデマと考えるべきではない。厳しい言論統制の中で禁止された流言蜚語に「秘密」を読み取り、それに何かを付け加えようとした公衆の欲求を清水は正当で知的なものと評価する。

「閉ざされ圧迫された生活は空虚な昂奮よりも却つて鋭い知性を働かせる。群衆のやうに自己の責任を負はずに行動するのと異なり、ここでは言動に細心の注意が必要である。流言蜚語は秘密を要求するからである。若し知的であり反省的であり批判的であることが公衆の特質であるならば、これに似た性質は流言蜚語を担（にな）ふものにも見出されるところでなければならぬ。」

流言蜚語の担い手に「知的であり反省的であり批判的」な公衆を見出そうとする清水の立場は、カルチュラル・スタディーズの能動的視聴者論（アクティブ・オーディエンス）とも通底しており、参加民主主義の可能性さえも取り込んでいる。それは「あいまいな状況にともに巻き込まれた人々が、自分たちの知識を寄せあつめることによって、その状況についての有意味な解釈を行なおうとするコミュニケーション」（シブタニ・原著一九六六、一九八五）という流言の新しい定義とも近い。ここから見えてくる流言蜚語は、その送り手にとっても受け手にとっても「情報崩壊」ではなく「情報構築」の産物なのである。さらに言えば、真偽の判定よりも効果の考量を重視する清水のコミュニケーション論は極めてメディア論的であり、かつ現実的である。私たちが友人と日常行うコミュニケーションにおいて、最優先するのが親密な心地よさ（効果）なのかメッセージの整合性（真偽）なのか、と自問してみるとよいだろう。本書はメディア・リテラシー実践の不朽の参考書なのである。

（ちくま学芸文庫・二〇一一）

12 ハドリー・キャントリル『火星からの侵入』（原著刊行年　一九四〇）
――パニックの社会心理学

キャントリル（一九〇六―六九）米国の社会心理学者。ハーバード大学で学位取得後、プリンストン大学ラジオ・プロジェクトに参加。

†「火星人襲来パニック」の神話

日本で「インターネット元年」とされる一九九五年、デジタル革命を「リアリティ侵略戦争」と告発したマーク・スロウカ『それは火星人の襲来から始まった』（原著一九九五、一九九八）が刊行されている。

「合衆国東海岸各地の市民が、H・G・ウエルズの原作［一八九八］をオーソン・ウエルズがラジオドラマ化した『宇宙戦争』を聞き、十六本の触手を持つ火星人が地球に着陸したと信じてパニックに駆られ、高台をめざしたからだ。それはRCA［アメリカラジオ会社］の技術者にとっての劇的勝利であり、新時代の到来を告げる決定的瞬間だった。ウエルズの電子的幻影は、来襲した火星人から逃れるために北へ逃げた大勢の人々の常識および現実を、あっさりと打ち負かしたのだ。火星人（すなわち電子的幻影の軍勢）は、それ以来進撃をつづけている。」（強調は原文）

一九三八年一〇月三〇日、ハロウィーンの夜に流れたラジオ劇中の「火星人襲来」ニュースで全米が大パニックになった、という。その話なら、私も子供のころから知っていた。「ジュニア版世界のSF」（集英社）の一冊、ウェルズ『火星人襲来』（一九六九）を読んでいたからである。小学五年生の記憶に残る読書体験だった。むろん私がそのとき怯えたのは火星人であって、フェイクニュースに騙されやすい大衆ではなかったけれども。

最近でもこのラジオ劇で大パニックが発生したと記述する書物は多い。たとえば、黒川創『鶴見俊輔伝』（二〇一八）は、一六歳の鶴見がマサチューセッツ州のミドルセックス校に入学した直後の出来事をこう書いている。

「ラジオで、H・G・ウェルズ原作、オーソン・ウェルズ演出の『火星人の侵入』が放送される。途中から聴く人が、ほんとうに火星人が地球を攻撃しはじめたニュースだと思い込み、逃げまわって死者まで出る騒ぎとなった。」

後述するように、「逃げまわって死者まで出る騒ぎ」は新聞紙のデマであり、大パニック（群衆的錯乱行動）はまったく確認できていない。にもかかわらず、こうしたパニック神話が持続してきたのは、世界的な社会心理学者キャントリルがものした本書が存在するためでもあろう。実際、私自身も『現代メディア史』（一九九八）で「弾丸効果論」の古典として本書に言及したとき、大パニックの存在そのものはまったく疑ってはいなかった。それを歴史的事実とみなした上で、次の解釈枠を示していた。

「『宇宙戦争』の七カ月前、一九三八年の四月一日、ヒトラーはオーストリアに進駐を開始した。CBSヨーロッパ支局長エドワード・マローは、この動きをウィーンから国際リレー放送で生中継し、第二次大戦勃発後の一九四〇年七月にはロンドン空襲を屋根の上から実況放送した。こうした臨場感あふれる戦争報道によって「放送ジャーナリズム」は確立した。だが、「リアルさ」を衝撃的にリビングに伝える報道は、その誕生からドラマ仕立ての様式を備えていた。」

ファシズム時代、つまりラジオ時代における「真実らしきドラマ」と「ドラマ仕立て報道」との類似性である。この解釈はいまも間違いだとは思っていない。しかし、私は改訂した『現代メディア史　新版』（二〇一八）で、このパニック騒動を弾丸効果神話の一つとした上で、以下のように追記した。

「新聞は競合するニューメディアの「ハロウィンのいたずら」番組に過剰反応したが、実際にパニック発生で生じたとされたショック死や軍隊出動の記録は確認されていない。ロックフェラー財団の資金援助で行なわれたキャントリルのラジオ研究（『火星からの侵入』一九四〇）では、ラジオの効果を強調すべく聴取者の反応が過大に評価されていた。」

そもそも、今日の災害社会学研究（E・L・クアランテリなど）の知見では、ハリウッド映画の戦争・災害シーンはともかく、現実のパニック（恐慌）状態では人々は逃避するよりその場にとどまることが多く、錯乱行動が発生するのは例外的だとされている。必要な情報を得ることのできない人間は、豪雨でフロントガラスから外が見えない自動車運転手とよく似た状況に置かれており、そこでアクセルを踏み込むドライバーは稀である。たとえパニックが意味する内容に「不安、狼狽などに起因する激しい個人的感情」から「社会的混乱をもたらす集合行動」までの幅があるとしても、パニックで後者のみがイメージされる一因に本書の「火星人襲来パニック」神話があると言えよう。

†古典への批判的考察

この神話の成立過程を分析した学術論文に、J・プーレー&M・ソコロウ「『火星からの侵入』の検証――H・キャントリル、P・ラザースフェルド、歪んで記憶された古典の成立」（二〇一三）がある。彼らは当時の新聞報道を検証し、現実のパニック現象は確認できず、「だまされた」聴取者はごく少数だったと結論づけた。キャントリルが本書で利用したアメリカ世論研究所のデータそのものにも大いに問題があった。この調査は放送日の六週間後に行われたため、すでに人々の記憶はセンセーショナルな新聞報道で色づけられていた。本当はラジオ放送を聴いていない人々も、やがて新聞に掲載された記事内容を自らの体験として語るようになった。フーパー社が当夜実施した調査（五〇〇〇人対象）で、「宇宙戦争」の聴取率はわずか二％にすぎない。この数字を信じるなら、被調査者の九八％は「火星人襲来パニック」を事後的に知り、その後の新聞報道や名優ウェルズの名声に触れる中で、自らも直に体験したかのごとき集合的記憶を持つに至ったことになる。

また、キャントリルの感情カテゴリー分類にも大きな問題があった。ラジオ劇に「驚いた」、「不安になった」と答えた聴取者が、必ずしもパニックで逃げ回ったわけではない。「最終的には六〇〇万人」と誇張された聴取者数と同じように、パニックの様子も誇張された新聞報道がそのまま受け入れられていた。そうしたラジオの影響力の誇張は、ラジオ調査研究のために必要な助成金をロックフェラー財団から引き出すためにも正当化された。しかも、後にキャントリルが社会心理学の権威者となったことで、本書はマス・コミュニケーション研究の古典となり、それがメディア・パニック神話にお墨付きを与えることになったのである。

もしラジオ番組が原因で本当にパニックが発生していたのなら、はたして放送局や番組の責任者がまったく処分されないということがあり得ただろうか。この番組による「精神的苦痛」への慰謝料を求める訴訟は起こされたが、すべて却下されている。この「アメリカ放送史上最も悪名高い事件」は、アメリカの放送制度に何らの変化ももたらしていない。ウェルズ本人はこの「悪名」を利用してスターダムにのし上がったが、パニック騒動について晩年こう語っている。

「ほとんどは新聞社の思い込みによるでっち上げだった。ちょうどラジオに広告を取られ始めていた時期で、新聞としては逆転のチャンスと、つい勇み足をしたんだな。」(ジョナサン・ローゼンバウム編『オーソン・ウェルズ　その半生を語る』一九九五)

この「火星人襲来パニック」神話が根強い生命力をもつのは、商業放送や大衆社会への文化批判、ニューメディアへの不信感など、それなりの需要がいまもあるからだろう。一方で、放送業界も広告スポンサーに対してその影響力をわかりやすく説得するエピソードとして、本書を活用してきた。本書こそがメディアの最大効果、メディア・パニックの存在を裏付けるほぼ唯一の学術的根拠なのである。放送局もキャントリルの誇張を知っていたが、それが自らの利益になる以上、否定する必要などなかった。悪名高い物語であれ、影響力を確認できる物語であれば、メディアは喜んでそれを真実だと語るだろう。今風に言えば、炎上ビジネスと言えなくもない。

†誰がフェイクニュースを信じるのか

その意味では、本書の記述を鵜呑みにしてきた私自身を含めてメディア研究者の責任は重い。弾丸効果パラダイムの代表的著作を無批判に信用してきたことは、知的怠慢と言うべきだろう。ちなみに近年の欧米の教科書では、本書と火星人襲来パニックは厳密に区別されている。火星人襲来パニックがこれまで弾丸効果論の証拠として言及されてきたことを紹介した上で、本書はむしろ弾丸効果を否定する限定効果論の先駆的研究だったという逆説的な評価である（バラン&デイビス『マス・コミュニケーション理論』原著二〇〇三、二〇〇七）。

というのも、キャントリルは弾丸効果論を前提にアンケート調査をデザインしたわけではなかった。このラジオドラマの受け手を次の四カテゴリーに分類しているからである。

① 番組中に手がかりを見つけ出し、事実でないとわかった人々（23％）
② 情報確認によりドラマであるとわかった人々（18％）
③ うまくチェックできず、ニュースだと信じつづけた人々（27％）
④ 放送だから本当だと信じて調べようとしなかった人々（32％）。

つまり、③と④の59％の行動が問題なのであり、「すべての聴取者に画一的な反応を引き起こす」弾丸効果など初めから想定外だったのである。どのようなパーソナリティの人間がどのような条件下でパニックになるか、つまり限定効果にキャントリルの関心があったことは確かだろう。本書で実証されたのは、メディアはすべての人に直接的に影響を及ぼすのではなく、「メディアの影響を特に受けやすい心理学的特性」、たとえば「情緒不安定、恐怖症的パーソナリティー、自信の欠如」などを抱えた人々にのみ影響を与えるという限定効果論なのである。本書のまとめで、キャントリル自身がこう総括している。

「現実に戦争やパニックを生みだしているのは、ラジオや映画、新聞あるいは「宣伝」なのではない。戦争やパニックなど一切の群衆行動を生みだすのは、経済的、社会的あるいは政治的信念とその実際からなる上部構造全体と、個人の基本的欲求や習得的な欲求とのあいだのズレである。」

加えて、教育水準の高い人ほど情報の批判的受容が可能であることもキャントリルは示している。

「教育は、われわれが見出したように、パニック行動に対する最良の予防策なのである。批判能力が強ければそれだけ、現実と虚構とを区別することができるようになるだけでなく、また実際に危機的事態に落ちいった際にも、より適切な適応をすることができる。」

こうした本書の知見を踏まえて、デイヴィッド・グッドマン『ラジオが夢見た市民社会』（原著二〇一一、二〇一八）はこのパニック神話を知的なリスナーと一般的なアメリカ人の文化的断絶を戯画化したものと評している。ラジオというニューメディアの威力というよりも、大衆社会の文化的分断こそが、「火星人襲来パニック」を都市伝説として定着させたのである。

パニック神話の呪縛があまりに根強いため、ここまで本書を新しいメディア史研究の視点で批判的に紹介してきた。しかし、「パニックの発生」をひとまずカッコで括って読むなら、被説得性のパーソナリティ研究として本書を卓越した業績とする評価は不動である。ここにはソーシャルメディア時代にも当てはまる人間的洞察があるからだ。個別のヒアリング調査から、経済的に不安定から恐怖にかられた事例として二四歳の計測工レビス氏の証言が引かれている。彼はこの番組を聞いて驚き、やがてジョークと知って憤っていた。キャントリルはこう分析している。

「この番組を本当のものとしてかれが受けいれたことの一部は、解放感によるものである。かれは自分の能力に疑問を持っていたが、ある課題を自分に課して、それを真面目に実行しようとしていた。しかし、この願望はかれには重荷であった。「生きてることが時々むなしくなる」とかれはいう。この「一時的な破局」は、自分自身や他の人びとに対して現にかれが負っている責任から、自分を解放してくれるものなのである。」

もちろん、「火星人襲来」を真実として聞いた際のレビス氏の対応も、パニックと呼ぶべきものではない。重要なのは、この自己肯定感に乏しい青年が破局を「解放感」で受け入れていたことなのである。

ちなみに、今日キャントリルの業績として最もよく活用されているのは、国連が二〇一二年から発表している「世界幸福度ランキング」の測定尺度、いわゆる「キャントリルの階梯」である。それは回答者に一一段のハシゴを想像させ、今の生活が最上段10の「最良の生活」から最下段0の「最悪の生活」までの何段目にあるかを評価させるものである。この主観的幸福感が自己肯定感の評価ぐあいで左右されることは明らかである。こうした手法も本書のパーソナリティ分析から発展したものと言えよう。

ちなみに、二〇二〇年のランキングでは一五六カ国中、日本は六二位（5・871）であり、一位（7・809）のフィンランドより二段、一八位（6・940）のアメリカより一段ほど低い。自己肯定感の低さが自らの判断に確信を持てなくさせ、メディアからの被暗示性を高めるとすれば、「火星人襲来」を信じたとされるアメリカ人より日本人の方が流言パニックへの耐性に乏しい、との推論も可能である。今なお「火星人襲来パニック」を信じる日本人が多い理由かもしれない。

Hadley Cantril, *The Invasion from Mars, a Study in the Psychology of Panic, Princeton University Press*, 1940.
（邦訳：斎藤耕二・菊池章夫訳、川島書店・一九七一）

13 ジャン・ボードリヤール『消費社会の神話と構造』（原著刊行年　一九七〇）
――システム社会の記号操作

ボードリヤール（一九二九―二〇〇七）フランスのポストモダン思想家。パリ大学（ナンテール）社会学教授。『シミュラークルとシミュレーション』など。

†一九八〇年代日本社会の鏡像

日本のメディア研究者も大きくアメリカ系（社会心理）、イギリス系（カルスタ）、フランス系（精神分析）、ドイツ系（批判理論）と色分けできる。フランス人のドムナックから「名著30」をスタートさせておきながらではあるが、私はフランス系が苦手である。西洋史を専攻に決めた大学二年生のとき、ドイツ語に加えてラテン語とフランス語の勉強も始めてみた。大学のラテン語クラスは予習が過重で三週間で逃げ出した。関西日仏学館（現・アンスティチュ・フランセ関西）のフランス語クラスには半年間通ったが、女性の多い独特な雰囲気だけしか記憶にない。ちょうど「ブランド小説」と呼ばれた田中康夫『なんとなく、クリスタル』（一九八一）がベストセラーになっていた頃である。同書は日本の「消費社会」の幕開けを象徴する文芸作品である。「ニューアカ」ブームを牽引した浅田彰『構造と力』（一九八三）が出たのは私がフランス語学習を断念した後だが、いまも両者は私の脳裏でダブっている。『なんとなく、構造と力』。どちらもファッションとして読んだ世代なのだ。

フランスのポストモダン思想の中で例外的に本書だけが私のお気に入りだった。ボードリヤールがドイツ語を専攻し、ブレヒトの詩やペーター・ヴァイスの戯曲の翻訳者だからというわけではない。しかし、その思考は、ニーチェ的なアフォリズムもふくめ、なんとなくドイツ的な気がする。

大衆社会におけるメディアと消費行動の研究としては、本書でも引用されているデイヴィッド・リースマン『孤独な群衆』（原著一九五〇、加藤秀俊訳、一九六四）がある。「伝統指向型―内部指向型―他人指向型」の類型に「儀礼―書物―テレビ」を重ねるメディア論といえなくもない。一九八〇年代の学生として私はリースマンとボードリヤールをほぼ同時に読んだわけである。どちらに大きく影響を受けたかは自明だろう。

本書は第一部「モノの形式的儀礼」、第二部「消費の理論」、第三部「マス・メディア、セックス、余暇」で構成されている。モースの贈与論やバタイユの蕩尽論、レヴィ＝ストロースの構造主義を駆使して経済活動における「生産」と「消費」の位置関係を逆転させた第一部も、差異化の記号消費を論じた第二部も、すこぶる刺激的な内容である。しかし、メディア論としては第三部、特に第二節「消費のもっとも美しい対象——肉体」が印象に残った。それを踏まえた記述を『現代メディア史　新版』（二〇一八）でしている。

「すなわち消費社会が高度化し広告領域が拡大するにしたがって、「メディア」の範疇も広がってきた。就職面接を前に身なりを整える学生が自らの身体を「メディア」と意識するか否かはともかく、客観的にみれば、身体もすでに広告資本の投下領域となっている。現代社会はすべてのモノ、コト、ヒトが情報の発信装置と化し、メッセージ性を帯びるメディア社会なのである。」

「就職面接を前に身なりを整える学生」は旧版（一九九八）では、もっと直截に「就職前に美容整形する女子学生」と書いていた。それは自らの肉体を社会的地位を表示する記号として操作する広告媒体（メディア）人間の姿である。美しくあることは「資本の一形態」であり、すべての女性が「企業のデザイナーやスタイリストと同じ役割を引き受ける」とボードリヤールはいう。化粧が典型的なメディアであることは言うまでもない。

「化粧とは、技術的要素と強制的な意味作用のコード（「美」のコード）にもとづいて、実際のあまり整っているとはいえない顔だちを、抽象的だが一貫性のあるメッセージの網の目で全面的に置きかえることなのだから。」

旧版から二〇年間を経て、フランスでも日本でも男性の化粧が珍しくなくなったこともあり、私はテキストの表現を中性化したわけである。

†記号操作による統合と分断

あらゆるモノが並べられた、豊かな社会の百貨店やドラックストアーの光景の読み解きから本書は始まる。この豊かな社会において、人びとはモノを有用性から購入するのではなく、もっぱら意味の差異化ゲームに参加しているにすぎない。こうした消費社会の神話はマス・コミュニケーション全体の「三面記事的性格」に反映されている。私たちが平穏無事な日常生活を感謝のうちに営むために、あらゆる恐怖を暗示する記号（事故、殺人、強姦、革命など）は不可欠なのだ。

「これが日常生活のいやらしさであり、ほどよい室温になったワインのように供されるなら、出来事や暴力が大好きなのだ。戯画的にいうなら、それはヴェトナム戦争の映像を前にしてくつろぐテレビ視聴者の姿である。テレビの画面は外から見た窓のように、まず部屋に面していて、部屋のなかでは、外の世界の残酷さが倒錯的熱っぽさを伴った親密なものとなっている」

「ヴェトナム戦争」は、湾岸戦争でも旧ユーゴ民族紛争でもイスラム国テロでもよい。私たちが非日常的なシリアスな番組を眉間にしわを寄せて視聴するのは、幸福感にあふれた日常的な娯楽番組を消費するのと表裏一体なのである。戦争のような外的世界の暴力の前で何もしない罪の意識を取り除くために、日常の安全も脅かされていることを示す犯罪ドラマも量産されている。安全な社会は、メディアに映る暴力を安定化の資源として必要としている。

平和な生活に暴力の表象が必要なように、豊かな社会でも浪費は批判されるものの、そのシステムの資源として浪費は不可欠である。豊かさが価値となるには「十分な豊かさ」ではなく「あり余る豊かさ」が必要だからである。そうした過剰な消費、つまり浪費を生み出す記号操作のためにモノは存在するのであり、われわれの欲望もモノではなく記号の中で生み出されている。

当然ながら、豊かな社会で貧困がなくならないのも、福祉制度の機能不全が理由ではない。むしろ、豊かな社会が「豊かさ」を価値として認識する象徴資源として「貧困」は視覚化されている。同じ論理は教育にも適用できる。学校は文化的機会の均等化をもたらさず、むしろ社会内の格差を強化している。誰でも読み書きができるようになり、誰もがテレビの受像機を保有する民主主義においてこそ、誰も罪の意識を抱く必要のない「真の差別のシステム」として学校は機能する。

「知識と教養は、それを開く鍵をもたない（その合理的かつ有効で正しい使用を可能にする暗号を知らない）人びとにとっては、より苛酷でより狡猾な文化的隔離の場にすぎない。」「知識と教養」は自らの理想と考える準拠集団への所属を示す記号として、つまり他者と区別する記号として利用される。「それを開く鍵」は情報処理能力とも記号操作能力とも言えるだろう。こうした情報化と平等化の逆進性の指摘では、フィリップ・ティチェナーらが提起した知識格差（ナレッジギャップ）仮説（一九七〇）が有名である。それはフリッツ・マッハルプ『知識産業』（原著一九六二、一九六九）など情報化の楽観的な展望に対する批判として登場した研究仮説である。すなわち、社会で流通する情報量が増大しても知識格差は解消せず、高学歴者は低学歴者に比べて情報処理能力が高いため、知識格差はむしろ拡大する。知識格差は価値観や行動様式のギャップも拡大させるため、社会の分断は深刻化することになると予測されていた。しかし、本書の論理からすれば、こうした格差そのものが「平等」の価値を高めるために拡大再生産されているとも言えるだろう。

†消費は労働、自由は強制、真実は虚偽の世界

豊かな社会で幸福であることを強制されている現代人は、娯楽システムに消費能力を動

員するよう絶えず心がけていなければならない。ピューリタンの勤勉（生産）は、現代人の余暇（消費）に置き換わった。つまり、遊ぶことで満足する可能性を最高度に高めることを強いられているのである。労働力として大衆を社会化した一九世紀の産業システムは、さらに進化して消費力として大衆を社会化するようになっている。
「支出と享受と勘定抜き（「お買物は今すぐ、お支払いは後で」）といった［クレジットの］テーマが、節約と労働と資産という「ピューリタン的」テーマに取ってかわったのだ。だが、この交代が人間的な革命であるのは見かけだけである。」（強調は原文）

この消費社会にいるのは受動的な大衆ではなく、常に能動的であることを強いられている大衆である。こうした能動性批判を読むと、カルチュラル・スタディーズの能動的（アクティブ）視聴者（オーディエンス）に高い評価を与えることはできなくなる。未組織状態である限り、おだてられ、へつらわれ、ほめたたえられている「民衆」「公衆」「世論」といった欺瞞的概念に対しても、ボードリヤールは鉄槌を下している。

未組織の消費者の能動性をコントロールするために、「自分の個性の発見」が目標として掲げられる。しかし、個性の崇拝は個性の喪失の上に成立している。同じように、現実に自然が破壊され、家庭が機能せず、子供が子供らしさを失い、老人が邪魔者扱いされるようになるとき、記号による「自然」「家庭」「子供」「老人」への礼讃は始まっている。

私たちはこうした記号を消費し、現実を否定しながら日常生活をやり過ごしている。

同じように、もはや存在しえない個性に向けた「差異の産業的生産」を担う広告業は、個性化という最小限界差異に向けた日常的文化のルシクラージュ（再教育）を担っている。ルシクラージュ（recyclage）とは技術や知識の進歩に追いつくために社会人が求められる自己更新、いわゆる生涯学習を意味する言葉である。こうした生涯学習社会の統合装置こそがマス・コミュニケーションである。

そこで消費されるマス・メディア文化の典型こそ、「儀式化された競争」システムであるラジオのクイズ番組であり、テレビに接続されたコンピュータ・ゲームなのである。クイズ番組の「質問—回答」枠組みは個人の「欲求—購買」儀式に対応している。また、「選択と決定」を促すコンピュータ・ゲームは、購買行為のシミュレーションにほかならない。それはブーアスティンの疑似（シュード）イベント（↓18）が全面化したテレビ的世界である。

テレビのメッセージとは、明示的内容ではなく、現実を等価記号の連鎖へと分解する強制的図式、「記号システムとなった世界に対する読解体系の全能性というイデオロギー」、つまりは「あらゆることがスペクタクルになりうるという可能性」である。この「読解体系の帝国主義」においては、事実や歴史の真偽は問われず、ただ読解システムの内的整合性だけが問題となる。ブーアスティンの言葉、「広告の技術は、真実でも虚偽でもない説得力のあるコピーをつくることにかかっている」が引用されている。

かつてはテレビ視聴やテレビ・ゲームも余暇活動、時間を浪費する活動とみなされていた。しかし、消費社会の余暇は労働力の再生産に組み込まれており、時間を浪費することは原理的に不可能となっている。余暇はすでにT・ヴェブレン『有閑階級の理論』（原著一八九九、ちくま学芸文庫）の「有閑（レジャー）」ではなく、自らの地位を示すために「義務となった社会的夫役（ぶやく）」なのだ。


「われわれのシステムのように統合された全体的（トータル）システムのなかでは、時間の使い方に関する自由は存在しないだろう。余暇は時間を自由に使えることそのものではなく、この自由のポスターにすぎない。余暇の根本的な意味は、労働時間との差異を示せという強制である。」（強調は原文）

こうしたシステム社会化は二一世紀の現在、より明確になってきた。人々がウェブ上で検索や書き込みをすることにより個人データという情報財が生み出されている。この「認知労働」は余暇活動とみなされているため、賃金が支払われることはない。この不払労働である認知労働によってIT企業は巨額の利益を上げている。一九七〇年代のテレビ時代を描いた本書だが、ウェブ時代の認知資本主義をほぼ正確に予見していたと言えるだろう。

同じように「感情労働」（A・R・ホックシールド）についても、第三部第Ⅳ節「気づかいの秘蹟」で鋭い分析を行っている。「制度化された微笑」も消費社会における商品化されたサービスである。認知労働と感情労働の社会において、豊かさは自由でなく強制を意味する。

「これらの強制は、「自由」の強制、管理された幸福を手にいれることの強制、豊かさの全体主義的倫理の強制とさえいうことができる。」

今回、本書を二〇年ぶりに読み返してみて、私の「システム社会」理解においてボードリヤールからの影響の大きさに改めて気がついた。この「消費社会」論を「情報社会」、あるいは「メディア社会」と置き換えて私は読んできたのだろう。『現代メディア史』旧版を私は次の言葉で結んでいた。

「対話や参加が「善」であり、「癒やし」であり「義務」であるというのは二〇世紀の神話である。あるいは病である。自閉をも許す共生でなければ、共生は抑圧の同義語になるだろう。」

差異化のゲームから降りるための自閉、それは本書の誤読なのかもしれない。しかし、セゾングループの堤清二は本書に感銘を受けて「無印良品」(一九八〇)を立ち上げたという。多様な読解を許すことも名著の条件ではないだろうか。

Jean Baudrillard , *La société de consommation : ses mythes, ses structures*, Gallimard, 1970.

（邦訳：今村仁司・塚原史訳、紀伊國屋書店・一九七九年）

14　ゲイ・タックマン『ニュース社会学』（原著刊行年　一九七八）
――客観報道のメディア・フレーム

タックマン（一九四三―）　コネチカット大学教授。専門はフェミニズムおよびメディアの社会学。本書でニュース制作の構築主義理論を打ち立てた。

†アカデミックなジャーナリズム論

社会の現状を正当化する「ニュース」が新聞やテレビの送り手により製造されている。そうした「構築された現実としてのニュース」は変革を阻害し、秩序を再生産している。フェミニズム社会学者タックマンはそう主張する。彼女は報道現場への参与観察を行い、リアリティの社会的構成という現象学的社会学（A・シュッツ）を駆使してニュースを考察している。本書はメディア・フレーム論の先駆けとなったニュース研究である。

現役、元職を問わず記者が書いたジャーナリズム論は多い。その体験談は有名無名を問わず、資料として貴重である。特に現場と接する機会のなかった学生時代、私にとって新鮮な読み物だった。しかし、このジャンルで名著を探そうとすると、いずれも鮮度に欠けた「お説教」に見える。現場からの現状への現代的批判は、時とともにリアリティが失われるため、読み継がれる作品はほとんどない。そのことが同工異曲の新刊が量産される理由でもある。訳者の鶴木眞（一九四二～二〇一五）は、編著『客観報道――もう一つのジャーナリズム論』（一九九九）でこう述べている。

「ジャーナリズム研究を志す人が、書店に入り関連する書物を手にした時、おそらく当惑するに違いない。なぜなら、テキストの類を除けば、そこに陳列されている書物の大部分は、たとえそれが優れた論を展開するものであっても、ジャーナリズム批判に終始するものだからである。社会科学の書棚のなかで、そのコーナーは異質な雰囲気を漂わせている。ジャーナリストやジャーナリズム組織・業界が問題を起こすたびに、それを解説し、批判することにとどまる書物が「ジャーナリズム論」として幅を利かしている。」

そうした俗流批判本を超えるべく、本書が翻訳紹介されたことはあきらかだろう。「訳者あとがき」にこう書かれている。

「送り手としてのマスメディアの記述は評論として、あるいはかつてその組織の一員であった人による内部暴露的「読みもの」として多数出されている。しかし、学術書として明確な理論的考察の上に立って、このテーマをとりあげたものは寡聞にして僅（わず）かしか知らない。」

慶應義塾大学法学部教授で日本新聞学会（現、日本マス・コミュニケーション学会）総務担当理事だった鶴木先生から、この訳書を私は直接手渡された。当時、学会事務局幹事（一九九一～九二）だった私にとって鶴木理事は私の直属「ボス」だったわけで、よく飲み会にも誘われた。初対面で「この学会のレベルを正直どう思うかね」と尋ねられたことをいまも覚えている。三〇歳の私は率直にこう答えた。

「高くはないでしょう。ただ、私のような新規参入者にとって、敷居は低く間口は広い方がいいですね。風通しはいいですから。」

若気の至りというべきだが、先生はニコニコしながら頷いて盃を重ねた。私は鶴木体制の事務局幹事として「新聞学会」から「マス・コミュニケーション学会」への名称変更問題に従事した。その後、先生からは日本政治学会一九九四年度大会での共通論題「マス・メディアと政治学」への登壇なども依頼された。もちろん政治学会には入会していない。若手の自由な発言を許し、さまざまなチャンスを与えてくれる先生のゼミには優秀な若手が多く集まっていた。当時、「鶴木軍団」と呼ばれていた。私はその一員ではなかったが、ほとんどの学会を辞めた後、マス・コミュニケーション学会だけに残った理由は、その居心地がとてもよかったからである。

こうした学会の思い出話をする理由はほかでもない。最終章でタックマンは「その形式が語る内容を制約する」という本書のエッセンスを、大学を中心とする研究活動にも当てはめて論じているからである。知ることを拒む手段としての知識の枠組み(フレーム)は、アカデミズムにも存在している。だが、本書は希望の一語で結ばれている。

「知識の源であり、権力の源でもあるニュースは世界に開かれた窓なのである」。

やがて東京大学社会情報研究所に移られた鶴木先生とは、赤門近くでも「ニュース」や「大学」を肴によく飲んだ。あの頃、私たちはそれぞれに内面きな(ドメスティック)ジャーナリズム批判を超える「世界に開かれた窓」を求めていたのだろう。

†リアリティのフォーマット

フェミニズムの女性研究者であるタックマンが本書を執筆した動機は、第七章「女性解放運動の報道のされ方」を読めば明らかだ。なぜ、一九六〇年代のフェミニズムは否定的に報じられ、当初は嘲笑の対象とさえなっていたのか。そうしたフェミニズム運動へのネガティブなメディア表象の構造を読み解く論理を求めて始められた研究である。「ニュースを制作する人々がどのようにして、われわれが共有する市民生活に影響を与える事実を確定し、またイベントや議論に特定の枠組を設定するか」を探るべく、彼女は一九六六年からテレビ局、一九六七年から新聞社に参与観察に入っている。また、一九七五年からはニューヨーク市庁の記者室に通い、フェミニズム運動の活動家や取材記者にもインタビューを行っている。

もう半世紀前、この参与観察が実施された一九六〇年代にはインターネットやSNSはおろか、パソコンもケータイも存在しなかった。ニュース制作のメディア環境は大きく変貌しているわけだが、ニュースという観察対象の自明性を徹底的に疑う著者の分析はいまなお有効である。

ニュースは事件の現実をただ反映するだけではなく、それを公(おおやけ)の場で議論できる出来事に変換することで「公共性」(輿論／世論を生み出す社会関係)を生み出している。こうして事件に公共的性格を与えるニュースは、社会システムの一部であり、その自己組織化を担っている。

ニュースを制作する組織(通信社、新聞社、テレビ局など)はニュースになりそうな出来事に効率よくアクセスできるように記者を特定の空間に配置し、具体的な〆切を設定することで時間的リズムを作り出す。こうした空間と時間の制約が、ニュースの枠組みの前提となる。また、ニュース組織の記者は同僚や同業他者との競合関係に置かれている。つまり、空間的配置、時間的リズム、人間的ネットワークを前提として「ニュース制作は出来事をニュースイベントにかえる」のである。

そもそも社会では無数の出来事が日々発生しており、それがすべてニュースになるわけではない。新聞紙面にも放送時間にも限りがあり、取材された出来事でも記事にならないものが圧倒的に多い。一定のフレームに照らしてニュースは選択されているからである。

一九世紀初頭のまだ広告欄のない新聞紙であれば、一般大衆に理解できるように記事をわかりやすく加工する必要はなかった。しかし今日の新聞紙は発行部数の最大化をめざす大衆的な広告媒体（メディア）である。より多くの注目を求める広告主（クライアント）の支持は不可欠なのだ。

必要な出来事を収集するニュース網に関して、タックマンは面白い比喩を使っている。メディアが重視するのは「漁獲量」よりも「大きい獲物」である。そのため経費のかかる網目の細かいネットは求めず、センセーショナルな情報を入手しやすい都市部の警察など公共機関に重点的に記者を配置する。このニュース網を管理する編集部も、中央集権化した取材対象組織と同じヒエラルヒー構造を持っている。そのため、情報が集中する役職の正当性を疑うことは総じて難しい。それに疑念を抱くと、円滑なニュース制作に支障が生じるからである。

ニュース制作は〆切までの未来完了形で進められる。すなわち、「ニュースは達成される計画なのである」。時間の制約は記事の類型化を促す。毎日起こる出来事のすべてに個性を見出していては、組織的なニュース制作はできない。あらゆる患者が病院でいずれかの診療科に分類されるように、出来事は出来合いの分類――「硬いニュース」「柔らかいニュース」「スポット・ニュース」「展開中のニュース」「継続ニュース」――に仕分けされる。「何が起きているか」より「どのように起きたか」で瞬時に仕分けられるため、内容より形式が優先されている。この分類により内容の多様性は縮減され、ルーチン処理が可能な素材が出来上がる。プロの記者・編集者に必要なのは、類型化された出来事に適した取材技術を運用する実践テクニックなのだ。それはニュース組織の時間と空間の使い方から生まれた「客観性」を保つ技法である。たとえ想定外の大事件であっても、「とんでもないニュース」というルーチン化されたフォーマットが用意されているのである。

タックマンは記者のプロフェッショナリズムを「組織のニーズと基準に沿った記事をつくるノーハウ」と定義する。たとえば、客観性を担保する以下のような手法である。

①【事実の置き換え】立証不能な事実Aを報道するために情報源Bと事実Aを絡ませて、「BがAと言った」という新しい事実Cを作り上げる。事実Aが間違っていても、「BがAと言った」という事実Cは完全に正しい。もちろん、受け手が知りたいのは事実Aであって事実Cではない。

②【カギカッコの利用】対立する複数の意見を引用することで、記事と記者自身の間に距

離を置きつつ、自分と同じ意見を他人に言わせることができる。

こうした手法のため、ニュース網は「発言を引用できる情報源があること」を前提とせざるをえない。それはニュースのフレームそのものが、暗黙のうちに主な情報源を正当化していることを意味する。だとすれば、批判的な視聴者がまずニュースで問うべきは、「事実を語る人物を映すカメラの構図から予め外されているのは誰か」、となる。

†社会の安定装置としてのメディア・フレーム

メディアは、ニュースの信憑性を維持するために「事実らしく見える」ための構図を作り上げる。タックマンは一九六〇年代のニュースでフェミニズムが否定的に扱われた理由として、「集団を代表して語ることができる人物」というフォーマットの存在を挙げている。

フェミニストは運動に指導者を置くことを男性原理として回避したため、「集団を代表して語ることができる人物」を欠いていた。そうした人物を取材対象として求める記者たちは、企業や大学、スポーツ界などで活躍する女性たちに、フェミニズム運動に対する意見を尋ねることが多かった。しかし、彼女たちは自らの才能ゆえに成功したと信じており、一般女性への共感や同情は乏しく、その発言が運動への批判的見解を助長することになった。「集団を代表して語ることができる人物」というフォーマットが、フェミニズム運動の可能性を見えなくするフレームになっていたのである。

テレビ・ニュースの場合、フレームの問題はより明白である。万人向けのリアリティを求めて、特定のアングルや背景で撮影された定番の映像が繰り返されている。ワシントンではホワイトハウス、ロンドンではビッグ・ベン、モスクワではクレムリン宮殿がレポーターの背景に使われる。それは視聴者がニュースを見分けるのに役立つとしても、ニュースの内容とは無関係である。

また、デモや暴動はテレビでは鳥瞰的に撮影され、個々人ではなく大衆として理解される。個人の撮影も「公的な距離」「社会的距離」「個人的距離」「親密な距離」のいずれで切り取るかで印象操作は簡単にできる。しかしながら、新聞紙面よりもテレビ映像のほうがリアリティを与えやすく、人々は新聞記者よりテレビ記者のほうに中立で公平な媒介者の印象を抱きやすい。こうした指摘も具体的な状況とともに説明されるため、大いに説得力がある。

マス・メディアが必然的に社会の現状を正当化する、という本書の主題は目新しいものではない。タックマン自身もフランクフルト学派の文化産業批判など先行文献を引用している。そもそも思想の存在被拘束性をいう知識社会学（K・マンハイム）からすれば、中産階級であるジャーリストのプロフェッショナリズムが革命的でないのは当然なのだ。それを再確認するため、第八章ではアメリカにおけるメディア環境の変化が歴史的に概観されている。その上で、フェミニスト社会学者ドロシー・スミスによるイデオロギーの定義、「知識とは対照的に、人々が知りたくないために使う、利害が絡んだ手続き」が採用されている。（強調は原文）

「イデオロギーとしてのニュースは思想へのアクセスを制約し、現代社会の真実を確かめるのを妨げる、つまり言論の自由と公衆による統治という啓蒙思想のモデルの実現を妨げるのである。」

こうした本書後半におけるニュース批判の激烈さは、その前半の参与観察の冷静さと必ずしも調和がとれていない。そこに読み取るべきは、一九六〇年代までのアメリカ社会学会を支配していた機能主義に対するフェミニストの反発なのだろう。確かに、機能主義の社会理解は現状秩序の肯定に傾きがちである。男性中心社会の慣行や制度がいかに矛盾に満ちていても、それが社会システムの維持・安定に役立っている、と機能主義的に解説することは可能である。ジャーナリズム論の場合でいえば、サツ回り（警察への密着取材）や記者クラブなどの必要論も、おおむね機能主義的に論じられてきた。タックマンの矛先はそうした機能主義に向けられていた。それゆえ、生活世界の編制を人々の活動から説明する社会構築主義が学界の主流になり、メディア・フレーム論も定説化された現在、本書は学説史上で書名のみ知られる古典となった感もある。しかし、ジャーナリズム研究の多くが批判的時評にとどまっている現状を見る限り、その怒りを理論にまで結晶化した本書は、なお新鮮な輝きを失っていない。

Gaye Tuchman, *Making News: A Study in the Construction of Reality.* The Free Press, 1978.

（邦訳：鶴木眞・櫻内篤子訳、三嶺書房・一九九一）

15　ジョン・トムリンソン『文化帝国主義』（原著刊行年　一九九一）
――グローバル・メディアの影響力

トムリンソン（一九四九―　）英メディア社会学者。ノッチンガム・トレント大学教授、国際コミュニケーション文化センター所長など歴任。

†冷戦期メディア研究の棚卸し

本書を読み始めたとき、「ご破算で願いましては」という掛け声が聞こえた。トムリンソンは一九八九年に冷戦崩壊以前の文化帝国主義論の総括として本書の執筆を開始した。博士論文でフランクフルト学派と実存主義を扱い、その後にメディア研究に進んだ社会学者である。

どんな研究でもそうだろうが、いつ研究をスタートするかで方向は大きく変わってくる。私の場合も留学から戻る一九八九年までドイツ現代史研究者であり、メディア研究者という自覚はなかった。東大新聞研に入った同年、ベルリンの壁が崩壊していなかったら、はたしてメディア研究者になっていたのだろうか。ごく普通にドイツ史研究者の道を歩んでいたような気がする。一九八九年にはメディア研究にも独特の解放感が広がっていた。そうした雰囲気の中で研究をスタートできたことは幸せだった。

本書も一九八九年当時の解放感を反映している。トムリンソンは本来なら「名著30」に入ってしかるべき多くの先行研究の問題点や限界を臆することなく指摘している。第一章「文化帝国主義とは何か」で、イギリス人研究者による次の言葉を引用している。

「文化帝国主義のテーゼが訴えているのは、世界の多くの場所で、正統的、伝統的な地域文化が、おもにアメリカ合衆国による軽薄な商品やマス・メディアの産物の無差別な大量販売によって破壊され消滅しつつあるということだ。」

そもそも一九六〇年代に登場した文化帝国主義論が敵視したのは、それまでメディア論としても隆盛を誇っていたアメリカの近代化理論である。代表的著作としては、マス・メディアの普及が民主的近代化を推進すると説いたルシアン・W・パイ編著『マス・メディアと国家の近代化』(原著一九六三、一九六七)がある。情報は市場法則の支配を受け、マス・メディアは工業生産力の上昇と直接比例して拡大する。マス・メディアはコミュニケーションを増加させ、それにより政治は民主化する。こうしたメディア近代化理論は資本主義体制での工業化を前提としていた。

しかし、現実の第三世界は経済の世界システムにおいて周辺化したまま、文化市場（言語・芸術からジャーナリズム・ファッションまで）を欧米メディアに独占されていた。この文化植民地的状況を糾弾する言説として冷戦下に登場したのが、西側先進国の左派知識人による文化帝国主義論である。国際資本主義への批判として文化帝国主義論を利用した東側マルクス主義者もいただろうが、経済還元主義の唯物論者にとってあまり居心地のよい議論ではなかった。

こうした文化帝国主義論の言説が抱える立ち位置の矛盾をトムリンソンはまず冒頭で厳しく追及している。それは先進国の知識人が現地人の声を勝手に（特権的に）代弁し、先進国の言語で書かれ、先進国において読まれる高尚な言説にすぎないのではないか。もっとわかりやすく言おう。支配層内部で消費される支配への反省文だが、良心の疼き（うず）を減じるだけで、その存在自体が支配システムの温存に貢献しているのではないのか。

むろん、イギリスの大学研究者が英語で刊行する本書の特権性も十分に自覚した上で、文化帝国主義の言説を「メディア帝国主義」、「国民国家論」、「資本主義批判」、「近代性批判」の四つに分類している。ここではメディア帝国主義が最重要であることは言うまでもない。

†「メディア帝国主義」の問題点

トムリンソンによれば、「メディア帝国主義」は主に非マルクス主義者が使用した概念である。左翼色の強い「文化帝国主義」と差異化するためである。そのため「文化支配」を批判する強度は弱まる傾向があり、また文化とメディアを等号でつなぐ「メディア中心性」への偏向も生じやすい。メディア研究者に限らないが、研究者は自らの研究対象が現実社会の中心であると思い込みがちである。政治学者が政治で、経済学者が経済で社会全体の動きを説明するように、メディア研究者もメディアで現実社会を読み解けると考えがちである。しかし、メディア経験が生活者の経験のすべてであるはずはない。メディアはさまざまな経験を「管理する」ことにおいて威力を発揮するだけである。メディアが経験を生み出すわけでも、メディアが社会を変えるわけでもない。この点に注意を向けた上で、メディア帝国主義の先行研究が検討されている。

まず、ハーバート・シラー「多国間メディアと国家の発展」(一九七九)を批判理論の典型として取り上げる。シラーには世論調査機関・娯楽産業・広告代理店など「精神(マインド)・管理者(マネージャー)」を批判した『世論操作』(原著一九七三、一九七九)もあるが、同論文では中心―周辺の世界システム(E・ウォーラーステイン)を踏まえた従属理論の立場から、多国間メディアがアメリカ的生活様式への愛着を「よき消費者」にうえつけるプロセスを描いている。アメリカにおけるホルクハイマー&アドルノ「文化産業論」の継承者であるシラーは、メディアの影響を各メディアの個別テクストのレベルで検証しようとはしない。大衆へのメディアの影響力を無条件に信じているため、テレビの文化支配力を論じる際にも視聴者の反応よりも放送会社の報告書が重視されている。つまり、古典的な弾丸効果論者なのである。

シラーとちがって個別テクストを分析したドルフマン&マトゥラール『ドナルド・ダックを読む』(原著一九七一、一九八四)は、社会主義政権下のチリで執筆された。同書はディズニー漫画がアメリカ資本の支配地域にその文化的価値を運び込むメディアであることを告発している。だが、ここでも帝国主義的テクストにイデオロギー支配の効力があることは前提であり、シラーと同様、一般読者がどのように読んでいるかに関心は向かわない。もちろん実際には、彼らのようなマルクス主義的解釈とはちがう多様で複雑な読み方がチリの読者によって行われていた。

こうした読者とテクストの問題に正面から向き合った点でイエン・アング『ダラスの見方』(一九八五)をトムリンソンは画期的と評価している。テキサスの大富豪一族を主人公とした連続テレビドラマ『ダラス』は国際的な大ヒットとなり、このメロドラマは一九八〇年代に「文化帝国主義」を批判する際の代名詞になった。アングは知識人かつフェミニストである自らの視聴体験を反省的に検討した上で、このドラマに帝国主義的イデオロギーの効果はほとんどないことを論証した。女性雑誌に広告を出して視聴者の感想文を集め、その内容を分析している。結局、メロドラマの想像力が与える快楽こそ人気の秘密であり、アメリカの文化的影響力や資本主義的価値観との関連性は視聴者において確認できない。その後、『ダラス』の視聴者についてはカッツ&リーベスの精緻な経験主義的調査も行われている。その結果をトムリンソンはこう要約している。

「受容者というのは多くのメディアの批判的理論家たちが想像するよりも、能動的で批評能力があり、その反応は複雑で内省的であり、その文化的価値観は操作と「侵略」に対して抵抗力がある」。

もちろん、この結果を無批判に受け入れるべきではない。ある番組の調査として回答を求めること自体が、ただの視聴者に「批評家」の役割を意識させ、普段の視聴よりもより内省的で積極的な「読み」を発動させる可能性も高い。たとえ調査者が介入する可能性を完全に排除できたとしても、経験主義的調査で文化帝国主義の影響力がすべて否定できるわけではない。メディアの経験主義的調査は、文化における影響力とは何かについて明らかにしないからである。マス・メディアの制度、テクスト、受け手の分析だけで文化帝国主義の影響を評価することには確かに限界がある。

†帝国主義からグローバリゼーションへ

文化帝国主義の問題は国民国家間の空間的対立――身近なところでは大衆文化解禁をめぐる日本と韓国――のように考えがちである。だが、「国民国家」の理解にまず問題がある。現実の世界では多文化・多民族国家がふつうだが、国家を単一民族的な空間イメージで理解することが一般化している。しかし現在、国家間の文化的対立の軸も空間（国境）より時間（歴史）に大きく傾いている。また、ファストフードチェーン「マクドナルド」のグローバルな文化的支配力も空間（アメリカ）より時間（近代性）に依っている。

ベネディクト・アンダーソン『想像の共同体』（原著一九八三、一九八七）は、国家的アイデンティティ（ナショナリズム）を出版資本主義（プリント・キャピタリズム）によって育まれた想像上の帰属意識と定義した。活字印刷物により「国語」が成立し、新聞により「国民」が読者として想像可能になった。毎日発行される新聞により「空虚な均質の時間」、つまり計測できる近代的時間の認識が広まった。こうした出版資本主義論の魅力は、国家アイデンティティ（空間）と社会の近代化（時間）を出版物（メディア）で結び付けたことにある。だが、こうしたアンダーソンのナショナリズム論についても、トムリンソンは「国境の内側では文化的アイデンティティは均質であるという誤った暗示」、つまり空間的・共時的ナショナリズムの国民国家イメージを読者に与える危険性を指摘している。こうしたアンダーソンにおける空間軸への偏向は、本書刊行の翌年に発表された「遠隔地ナショナリズムの出現」(一九九二)でいっそう明らかである。

ナショナリズムと国民文化を静的な凍結状態としてイメージしないためには、エリック・ホブズボームの「伝統の発明」(一九八三)が有効である。近代の産物である国民国家の伝統の多くは古い時代にさかのぼれない。国民史(時間)を聖別するために、わざわざ「時代をつけて」捏造された新しい伝統が多い。トムリンソンは「伝統の発明」の事例として、「奇妙な由来をもつ標準化」と日本の年末恒例「国民行事」の関連に触れている。一九七九年に国際標準化されたコンパクトディスクの収録時間が七四分になった理由は、CDを開発した当時のソニー副社長・大賀典雄が「ベートーヴェンの第九が収まる収録時間」を求めたためである。一方、日本で年末恒例の国民行事となっている第九の合唱は第一次世界大戦直後に始まったが、「いまや精神的なかたちのみそぎ、すなわち神道における浄めの儀式のようなもの」と見なされている。トムリンソンがこの「CD―第九合唱―禊の儀式」という新しい伝統コンプレックス(複合体)に見出すのは、文化帝国主義の脅威ではなく、むしろ肯定すべき「大きな文化的意味」である。もちろん、多国籍企業によるＣＤの国際標準化を文化帝国主義の「均質化」として、日本人の第九合唱を西欧近代音楽の「押し付け」として、いずれも批判できなくはない。また、多様性や個性そのものが守られるべき善であると主張するのも可能である。だが逆の見方をすれば、統一性や普遍性も同じように求められるべき善である。そもそも文化に多様性や個性を主張してきたのは保守主義者のほうであり、文化帝国主義論を唱えた左翼知識人はプロレタリアートの均質性と統一性を前提とした革命観に立っていたのではなかったか。

それゆえ、トムリンソンはホルクハイマー&アドルノ『啓蒙の弁証法』（原著一九四七、岩波文庫）の文化産業批判もマルクーゼ『一次元的人間』（原著一九六四、一九七四）の管理システム批判もエリート主義として退けている。大衆の意識を「虚偽」と見なす者は、はたして自らの意識にも同じ懐疑の目を向けるだろうか。大衆の消費を「誤った欲求」と断ずる者は、自分たちが「本当の欲求」に従う理由をどのように説明するのだろうか。大衆文化の悪影響を強調する議論は、大衆は自らの本当の利害を正しく認識することができないのだから「代弁」や「保護」が必要だという発想、つまり前衛党による独裁論へ容易に移行してしまう。そうした独裁体制が崩壊した一九八九年に本書が執筆されたことを、トムリンソンはここでわざわざ明記している。

それにしても、こうした左翼知識人の資本主義批判を近代化への文化的抗議に接続すると、まったく逆転した構図が浮かび上がってくる。文化帝国主義は強い（西欧）文化による弱い（土着）文化の侵略ではなく、むしろその逆、低級（大衆）文化による高級（エリート）文化の腐食化、つまり文化衰退のグローバル化を意味している。トムリンソンは単純な文化ペシミズムではないと言い訳しているものの、近代資本主義が文化資源を衰弱させたことについては条件つきで肯定している。

結論において、トムリンソンは一九六〇年代までの近代を特徴づけていた「帝国主義」は、いまや「グローバリゼーション」に変わったという。帝国主義は支配という目的をもった企てを意味する概念だが、グローバリゼーションは無目的に進展している。それゆえ、グローバリゼーションのほうがより洗練された文化支配の形態なのだ。「グローバリゼーション」が流行語となる一九九〇年代、「文化帝国主義」はますます語られなくなっていった。本書の続編『グローバリゼーション――文化帝国主義を超えて』（原著一九九九、二〇〇〇）も翻訳されているが、名著をなで斬りにした本書の迫力には及ばない。

John Tomlinson, *Cultural imperialism : a critical introduction*, Pinter Publishers, 1991.

（邦訳：片岡信訳、青土社・一九九三）

Ⅳ メディア・イベントと記憶／忘却

16　ヴァルター・ベンヤミン「複製技術時代の芸術作品」（原著刊行年　一九三六）
――アウラの喪失と展示的価値の政治化

ベンヤミン（一八九二―一九四〇）ドイツの文芸批評家。フランクフルト社会科学研究所所員。ナチズムからの亡命中に自殺。

†エードゥアルト・フックス――収集家と歴史家

自著に対する書評が出ると、わくわくして読む。優れた書評を得るために本を書いている、といってもよい。著者さえ十分に気づいていなかった論点をズバリと指摘される、そうした鋭い書評に処女作で出会った私は幸運だった。『大衆宣伝の神話』（一九九二）に対する法社会学の泰斗、上山安敏先生の書評「歴史学に新風を吹きこむ視点」（一九九三）である。

「著者は、書籍・文献に依拠した政治史、社会史の枠組から飛出し、書籍＝活字＝理性と祝祭＝シンボル＝感性の図式を配置して、感性としてのメディア史を掘り起している。こここには複製技術時代にみるアウラの喪失を透視したベンヤミンの視角が随所に鏤(ちりば)められている。」

なるほど私が書きたかったのはそういうことだったのだろう。ハーバーマスの市民(ブルジョア)的公共性論（↓22）に労働者的公共性を対置した同書に対して、「ハーバーマスの視角」から言及した書評は多かった。だが、私の視角は確かにベンヤミン的だった。ただし、私はベンヤミンの良い読者ではない。ドイツ語版も含め著作集を何種類か持ってはいるが、よく参照するのは本書（晶文社版）だけである。メディア論に直接関係する四篇のみが収められているからである。「ロシア映画芸術の現状」（一九二七）、「写真小史」（一九三一）、「複製技術時代の芸術作品」（一九三六）、「エードゥアルト・フックス―収集家と歴史家」（一九三七）である。

学生時代に最も面白く読んだのは、風俗史家フックス（一八七〇―一九四〇）に関する論文だった。『風俗の歴史』（原著一九〇九―一二、角川文庫）などで有名なフックスがドイツ社会民主党の機関紙編集者だったとは意外であり、私はドイツ留学中にフックスが編集した風刺漫画雑誌の史料を集めた。帰国後に発表した「世紀末ミュンヘンの「モデルネ」とSPD大衆宣伝のモラル――SPD風刺漫画雑誌『南独郵便御者』編集長エドゥワルト・フックスを例に」（一九九〇）がその成果である。『大衆宣伝の神話』の第三章「「読書する市民」から「感受する大衆」へ」として収める際、冒頭のエピグラフとしてベンヤミンのフックス論文から次の箇所を引いた。

「この［二〇］世紀は交通機関の速度が、言葉や文書を複写する装置の能力が、実際の必要をはるかに上廻ってしまったという経験をしている。技術がこのしきいの彼方まで発展させつつあるエネルギーは、破滅的エネルギーになっている。これらのエネルギーはまず第一に戦争の技術を、またジャーナリズム上の〔戦争〕準備を促進する。（……）前世紀は技術の破滅的なエネルギーをまだ意識していなかった。このことは特に世紀の変り目の社会民主主義に関して妥当する。」

一九世紀の社会主義者たちは歴史が科学的、客観的に把握できると信じる実証主義者だった。その意味で、フックスの風俗史も進歩と革命を必然ととらえた史的唯物論である。しかし、複製芸術である風刺漫画（カリカチュア）の図像学（イコノグラフィー）をめざしたフックスは、多くの社会主義者がなお温存していた市民（ブルジョア）的道徳主義の限界を乗り越えていた。ベンヤミンはその点を高く評価していた。フックスについて論じながら、ベンヤミンは自らの複製芸術論の来歴を語っている。

「フックスは大衆芸術の特殊な性格およびそれと共に史的唯物論がその性格に与えた衝撃を展開した最初の人々の一人であった。大衆芸術の研究は必然的に芸術の複製技術の問題に通ずる。」

†アウラの消滅と視覚的無意識の浮上

ニエプスやダゲールらによってカメラ・オブスキュラの映像を定着させる技術が開発されたのは一九世紀前半である。当初は科学的あるいは機械的な芸術として受け止められた。やがて銀板写真から感光紙のカロタイプへと複製が量産化される過程で、一回限りの熱っぽい眼差しの体験から生まれるアウラ（英語ではオーラ）は写真から失われた。アウラが消えた写真で浮かび上がるのは「視覚的無意識」である。写真小史でそれはこう説明されている。

「ひとは誰しも、たとえばひとびとの歩きかたを、おおまかにではあれ陳述できるだろうが、足を踏み出す瞬間、一秒の何分の一かにおけるひとびとの身ごなしについてとなると、たしかにもう何も知らない。高速度撮影や映像の拡大といった補助手段をもつ写真は、これを教えてくれる。こういう視覚的無意識は、写真をつうじてようやく知られるのだ――ちょうど、情動的無意識が、精神分析を通じて知られるように。」

それまで活字メディアに規定された人間の視覚的意識とはちがった、新たな視覚的無意識が機械によって解き放たれた。前者を理性・意見とみなせば、後者は感性・情動となる。

そして、ヒトラー政権成立の二年前に書かれた写真小史の結びに次の一文がある。「「文字ではなく、写真に通じない者が」と、かつていわれたことがある、「未来の文盲だろう。」しかしかれに劣らず、自身の撮った映像を読めずにいる写真家も、文盲とみなされて当然ではないか？」

かつて私はこの文章をナチ宣伝に対抗した社会民主党の機関紙編集者たちを思い浮かべながら読んだ。自らの政治的主張を抑制している写真小史とは異なり、それから四年後、パリ亡命中に執筆された複製芸術論文ではベンヤミンも共産主義芸術政策への寄与という執筆目的を隠してはいない。マルクスの資本主義崩壊理論が序論で言及され、あとがきはあの有名な反ファシズム闘争宣言で結ばれている。

「人間の自己疎外はその極点に達し、人間自身の破滅を最高級の美的享楽として味わうまでになったのである。これが、ファシズムのひろめる政治の耽美主義の実体である。共産主義は、これにたいして、芸術の政治主義をもってこたえるであろう。」

ベンヤミンが「芸術の政治主義」で何を主張したのかを考察した論文をいくつも読んだが、私にはいまひとつ理解できない。内容より形式を重視するメディア論の立場からすれば、「プロパガンダ」を「マス・コミュニケーション」に置換しているだけのような気もする。以下では、この政治主義から離れて、複製技術と民主化の問題に焦点を絞りたい。

複製技術としては古代から鋳造と刻印が存在していた。やがて中世に木版、近代に活版印刷が登場するが、一九世紀に普及した石版画（リトグラフ）が画期となった。それ以前の版画では製作と受容の間にタイムラグがあったが、リトグラフによって即日の印刷も可能になった。フックスの風刺漫画雑誌もその技術的産物である。メディア論的な一文を引いておこう。

「石版印刷に可能性として「絵入り新聞」がひそんでいたように、写真技術のなかにはトーキー映画がひそんでいた。」

それをブーアスティンは複製技術革命（グラフィック・レボリューション）と名付けて疑似（シュード）イベント、つまり「にせもの」の氾濫を論じたが（↓18）、ベンヤミンはアウラ、つまり「ほんもの」の喪失を論じている。ほんものの芸術作品の特徴は、「いま」「ここ」にしかないという存在場所に結び付いた一回性にある。しかし、いつでもどこでも鑑賞できる複製芸術は、この一回性を破綻させた。くわえて写真芸術のように原板／焼付、オリジナル／複製品に物質的な区別がなくなると、「ほんもの」という概念も成り立たない。こうして失われた「ほんもの」の一回性こそ、芸術作品のアウラである。

「絵画では、一回性と歴史的時間が密接に結びついているが、新聞やニュース映画では一時性と反復性とが結びついているのである。」

アウラの消滅は一回性と歴史的時間（伝統）の解体であり、ベンヤミンはそこに現代の危機と人間性の変革を見ていた。「平等にたいする感覚」が発達した現代社会において、大衆が複製技術によって同質の芸術を所有しようとするのは当然である。複製技術と社会主義運動の発展が連動することも偶然ではない。

†礼拝的価値から展示的価値へ

アウラのある芸術作品は礼拝的価値を持ち、最初は呪術的、やがて宗教的な儀礼で用いられた。非宗教的な美の礼拝形式もルネッサンス以後に形成されたが、複製技術は芸術をあらゆる儀式的要素への依存から解放した。こうして礼拝的価値を失った芸術は、その存在理由を政治の展示的価値に求めるようになる。教会や修道院や宮殿礼拝堂に安置されていた絵画が、国家の威信を示す博物館、美術館に収蔵されていくプロセスである。

こうした礼拝的価値から展示的価値への移行は、肖像写真から風景写真への、中心ジャンルの変化にも読み取ることができる。一九世紀初頭まで肖像画の所有は貴族階級にほぼ限られていたため、初期の写真術の用途は主に市民階級の肖像写真だった。そこにあるのは展示的価値よりも礼拝的価値としての写真だが、その普及によって「肖像」の所有は急速に民主化された。

初期写真がまず礼拝的価値で受容されたのを見た映画理論家は、映画を「芸術」に組み込むべく礼拝的価値に依拠した議論を展開した。しかし、そのために必要なアウラがそもそも映画には最初から欠けていた。映画産業はアウラの欠落を補うため、スタジオ外に人工的なパーソナリティをでっちあげて「スター崇拝」を煽った。ベンヤミンは演劇と映画の俳優を比較してこう述べている。

「アウラは、俳優が「いま」「ここに」いるという一回性と結びついていた。アウラの模造はありえない。舞台のうえのマクベスをつつんでいるアウラは、生身の観客にとって、このマクベスを演じる俳優がもつアウラから切りはなすことができない。スタジオでの撮影がもつ独自性は、しかし、観客の位置に器械装置が据えつけられるという点にある。こうして俳優をつつむアウラは、必然的に消滅し、それと同時に俳優が演じる劇中の人物をつつむアウラも消滅する。」

映画芸術の新しさはそれが初めから展示的価値に依拠していたこと、つまり礼拝的価値に依拠する演劇や絵画と断絶していたことである。ベンヤミンは礼拝的な画家と展示的な撮影技師の関係を、祈禱師と外科医の関係に置き換えて説明している。映画館の集団の中ではどんなグロテスクな内容でも自己制御して鑑賞できる進歩的な観客が、なぜシュール・レアリスム絵画の前に立つと保守的な拒絶反応を示すのか。その理由は複製技術が芸術と大衆の関係を民主化しているからだと、ベンヤミンは考えた。ベンヤミンの民主化への楽観的な見通しは、次のような言葉からも読み取れる。「映画に出ることは、こんにちの人間のだれにでも可能な要求である（……）［新聞において］読者は、つねに執筆者になりうる」。

こうした大衆の芸術活動への参加により、芸術も変容する。量が質に転化するからである。だが、精神の集中を要求する「ほんもの」の芸術に対して、散漫な気ばらしである映画を批判する知識人も少なくなかった。ベンヤミンの考えでは、散漫な大衆にこそ自己の内部で芸術作品を消化する可能性があり、集中力のあるインテリには芸術作品に我を忘れて没入してしまう危険性があった。

そのため、ダダイズムのように精神の集中を拒絶し、絵画や詩歌の礼拝的価値を意識的に破壊する運動をベンヤミンは高く評価する。ボタンや切符などをキャンバスに貼り付けたダダのコラージュは、素材そのものにより複製の烙印を作品に押しつけ、アウラの生成を封じることが目的だからである。

ここまではメディア論として理解できるのだが、資本主義的な映画制作を厳しく批判する一方で、ソビエト映画への評価におけるベンヤミンの偏向は今日では説得力をもたないだろう。ソビエト体制の崩壊を目にした二一世紀に生きる私たちの目から見れば、資本主義体制の映画以上にソビエト映画も「荒唐無稽な空想やいかがわしい思惑によって大衆を動員することに血道をあげるばかり」だ。それゆえ、私の目にはファシズムも共産主義もファシスト的公共性の下位区分にしか見えない。とはいえ、ベンヤミンのファシズム理解から私が学んだことは大きい。

「ファシズムにとっては、大衆にこの意味での表現の機会を与えることは、大いに歓迎すべきことなのだ（それは大衆の権利を認めることと同一では絶対にない）。」

「この意味」とは「大衆の組織化」、ヒトラーの言葉でいえば「大衆の国民化」（↓5）である。だからこそ、ヒトラーは大衆に「黙れ」といったのではなく「叫べ」といったのである。彼らはデモ行進や党大会を撮影したニュース映画の中に右手を挙げて「ハイル・ヒトラー」と絶叫する自らの姿、つまり政治に参加する国民大衆の姿を発見できた。ベンヤミンはこうした「週間ニュース映画」について次のように註記している。

「複製の大量生産にたいして大衆の複製（再生産）が対応する。大きな祝祭の行列や大集会や大衆的なスポーツ大会、あるいはまた戦争、これらは現在すべて撮影装置に受けとめられるものであるが、ここで大衆は自分自身と対面するのである。（……）一般的にいえば、大衆の動きは、眼で見るよりも器械装置をとおして見るほうが、はるかにはっきりつかめる。数十万の軍勢をとらえるには、鳥瞰的パースペクティヴがもっともいい。」

　複製技術はファシズムという参加民主主義を可視化したのである。この大衆運動に続く映像作品が同じく大衆が総出演する戦争だとベンヤミンが予見していたことは言うまでもない。

Walter Benjamin, *Werke* Bd.2, Suhrkamp Verlag, 1970.

（邦訳：高木久雄・高原宏平ほか訳、編集解説・佐々木基一、晶文社・一九七〇）

17 ジークフリート・クラカウアー『カリガリからヒトラーへ』（原著刊行年　一九四七）
――ワイマール共和国期映画の心性史

クラカウアー（一八八九―一九六六）映画社会学者。『フランクフルト新聞』記者、アメリカ亡命後はコロンビア大学応用社会研究部主任。

†映画の歴史社会学

ミュンヘン大学留学時代、雨の降る日が楽しみだった。一九八〇年代のドイツでは地上波テレビは公共放送だけ、しかも昼間は番組がなかった。しかし、雨の日には散歩に出られない高齢者向けにバイエルン放送局が「懐かしの映画」を放映していた。それを「雨の映画（レーゲンフィルム）」と言うのだと、学生寮のドイツ人学生が教えてくれた。私はナチ時代のオペレッタ映画などを熱心に視聴録画した。帰国時に持ち帰ったナチ関連映画のビデオは三〇〇本以上になっていた。研究室の一角を占める映画ビデオの山を見た来訪者は、私が出版、新聞からラジオ、テレビまで各メディアについて執筆しながら、なぜ映画については書かないのかといぶかった。一つには瀬川裕司『ナチ娯楽映画の世界』(二〇〇〇)に先をこされたためである。瀬川さんは私と同じ時期のベルリン自由大学に留学していたようだ。しかし、何と言ってもクラカウアーを超える心性史を書く自信がなかったためだろう。

クラカウアーは工学博士号取得後、ジンメルの影響下で社会学を学び『学問としての社会学——認識論的考察』(一九二二)を刊行している。一九二一年以来『フランクフルト新聞』学芸欄の記者として、ベンヤミン、アドルノなどフランクフルト社会研究所のメンバーと交流し、映画批評を中心に多彩な執筆活動を行った。ワイマール共和国期の作品には、「ごく普通の女店員が映画に行く」(一九二八)など『大衆の装飾』(一九六三)に収められる論説、ナチズムの支持基盤としてのサラリーマン層の実態をインタビューによる定性分析から描き出した『サラリーマン』(一九三〇)などがある。いずれも本書で展開される映画分析の前提となる受け手研究といえよう。一九四一年パリからアメリカに亡命した後、ニューヨークの近代芸術博物館フィルムライブラリー学芸員として、ナチ宣伝の内容と構造を分析した論文「プロパガンダとナチ戦争映画」(一九四二・本書補遺)、「スクリーンに見るヨーロッパ征服——ナチ・ニュース映画——一九三九—四〇」(一九四三)を発表している。こうしたクラカウアーの映画論の多くは、大衆文化やメディアの研究であると同時に、それ自体がその時代のジャーナリズムやプロパガンダの実践である。しかし、本書はワイマール共和国崩壊から一五年の時間を置き明確に心性史を意図して執筆されたもので、今日では社会心理学的な映画分析のスタンダードとされている。

本書の目的は、ドイツ映画の分析を通じてワイマール期の大衆の深層心理的諸傾向を解読することだ、とクラカウアーはいう。そして、この解読手法は分析対象が映画以外のメディアやドイツ以外の地域であっても適用可能である、とも述べている。分析結果としては「ワイマール期のドイツ映画はヒトラー独裁に至るドイツ国民の権威主義的気質を反映していた」と繰り返し主張しており、E・フロムの『自由からの逃走』(一九四一)をはじめとするフランクフルト学派の大衆社会分析とともに、ファシズム・イデオロギーの中産階級起源論としても読まれてきた。ちなみに、フロムは社会意識調査報告『ワイマールからヒトラーへ——第二次大戦前のドイツの労働者とホワイトカラー』(原著一九八〇、一九九一)において、共産党員をふくむ左翼労働者も中産階級と同じように権威主義的パーソナリティの持ち主であり、「ワイマール左翼は、選挙結果如何にかかわらず、ナチを阻止しうる状態ではなかった」と結論づけていた。この報告書は政治的理由から長らく封印され、公刊されたのはフロムが没した一九八〇年である。

†ファシズム心性の分析方法

方法的枠組みを示した序論以下、ドイツ映画の登場からヒトラー政権成立まで時系列的な章立てで記述されている。ワイマール共和国期の経済的・政治的変動に映画分析を対応させようとしたためである。そのためドイツ現代史の若干の知識があれば、個別の映画作品を見ていない読者もクラカウアーの内容分析に引き込まれることになる。「ドイツ映画の心理的歴史」の副題は、序論で次のように説明されている。

「ある国の映画技術や、物語の内容や、映画の発展過程は、その国の実際の心理的パターンとの関連においてしか、完全には理解できないものであるといえるだろう。」

歴史家の多くが本書刊行当時まだ経済状況や政治的な事件やイデオロギーに関心を集中させ、ナチズム台頭への心理的要因を軽視していたことも、本書で「心理的歴史」が強調された理由であろう。映画は国民心性を直接反映する史料である、とクラカウアーはいう。歴史学では手稿など生の一次史料と編集された二次史料を分けるのが普通である。しかし、映画に限らずメディア史においては、その区別はあまり意味をもたない。メディア史の史料とはメディアそのもの、つまり読者・視聴者が接するメディアそのものである。作家の生原稿より刊行書籍、記者のメモ帳より掲載記事、脚本・絵コンテより上映作品が第一義的に重要な史料である。もちろん、生原稿、メモ帳、脚本などが残っていれば何かの役に立つはずだが、それを探すことを前提に研究が行われることは稀である。

特に映画が他のメディアよりも国民心性を反映している理由をクラカウアーは次の二点から説明する。ひとつは映画制作の集団的性格のためであり、もうひとつは不特定多数の大衆に訴えかける映画のモチーフが大衆の欲望を反映しているはずだからである。特に、後者の論点は重要である。一般に大衆社会論では、大衆の受動性と資本の圧倒的宣伝力を前提としてしばしば議論されるが、クラカウアーはこうした単純化された「大衆操作」の概念を退けている。それは、一九三四年ナチ党大会におけるゲッベルス演説における以下のプロパガンダ芸術のテーゼを彼が引用していることでも明らかであろう。

「民衆の深みから発してこの芸術は、常に民衆のところへ降りて行き、そこに自らの力を発見しなければならない。銃に基礎を置く力も一つの良いものであろう。しかしながら、民衆の心を獲得してそれを保持し続ける方がいっそう良く、いっそう満足すべきものである。」

つまり、大衆の欲望や自発性を無視して映画館に観客を動員することはできないのであり、長期的視点でみれば大衆の欲望こそ映画の性格を決定するのである。大衆心性の深層を明らかにする人気映画の分析では、統計的に測定できる「人気」（個別作品の観客動員数）より、映像や物語で繰り返される「モチーフ」が重視されねばならない。それゆえ、B級娯楽映画から芸術的大作にまで浸透しているモチーフが本書の研究対象とされている。まだプロパガンダの弾丸効果が信じられていた時期に執筆されているが、マス・コミュニケーション論における「利用と満足」研究の視点も取り入れられている。

ここで分析される国民心性とは、超歴史的な国民性（たとえばドイツ精神、ドイツ人気質）ではなく、「特定の時代の民衆の心理的パターン」である。ワイマール共和国期の場合、ドイツ国民の全階層に浸透していた心理的パターンは中産階級の価値観に基づいており、その心性に根ざした映画が国民全体に受け入れられた。それゆえ、典型的なブルジョア的白昼夢を演じた男優ハンス・アルバースは女性労働者にも貴族の子女にも人気を博した。中産階級の価値観とその表象からナチズムを分析する手法は、ジョージ・L・モッセ『ナショナリズムとセクシュアリティ』（原著一九八五、一九九六）など、その後のファシズム研究にも引き継がれている。

タイトルでも取り上げられた「カリガリ」とは、世界に衝撃を与えたドイツ表現主義映画の傑作『カリガリ博士』（一九一九）である。クラカウアーによるこの映画の分析は特に見事である。権威に内在する狂暴性を暴露する革命的な原作と、ローベルト・ヴィーネ監督が変更した映画の筋書きを比較検討している。結果的に映画作品から革命的要素は消し去られ、権威を賛美する体制順応的な作品に変わっている。誤解がないように言っておけば、この分析も右に述べたメディア史の一次史料理解（脚本・絵コンテより上映作品が第一義的）と矛盾するわけではない。むしろ、市民的な脚本と大衆的な映画という異なるメディアの比較メディア論的考察の成果である。

革命と超インフレの混乱の中で内面の平衡を回復しようとした人々が求めた心理パターンとして、クラカウアーは①ロマン主義への逃避、②キリスト教的愛の精神、③神々しい山岳の光景、④理性主義の四つの志向性を指摘する。特にドイツ的ジャンルの映画として人気を博した「山岳映画」については、登山家の英雄主義、氷河や岩山を偶像化する反合理主義がナチズムのプロパガンダと通底していたという。実際、ヒトラーが一九三三年と翌三四年のニュルンベルク党大会の「記録」映画監督に指名したレニ・リーフェンシュタールも、アルノルト・ファンク監督の山岳映画『聖山』（一九二六）で女優デビューしている。彼女こそ『意志の勝利』（一九三五）により、今日まで私たちの脳裏に焼きつくナチ美学を確立した映像作家である。

山岳映画と並んでドイツに特徴的なジャンルは、啓蒙専制君主・フリードリヒ大王を主人公とした一連の「フリデリークス映画」である。これも混乱をよぶ革命よりも秩序ある専制がのぞましいという権威主義的心性を反映していた。

†「ドイツ特有の道」だったのか？

ワイマール共和国の相対的安定期にドイツ映画産業はハリウッド映画との競合から危機に陥るが、クラカウアーはドイツ映画衰退の主要因をドイツ国民の権威主義的傾向が麻痺状態に陥ったためとみなした。この時期の映画を三つの視点で論じている。①日常生活からの逃避願望を満たす喜劇映画、文化映画、フリッツ・ラング監督『メトロポリス』（一九二六）などに代表される荘重体の映画は、麻痺状態の心理を具現している。②街路映画や青春映画などは、様々な性向や思考の混乱、現実世界の麻痺状態そのものに光りを当てていた。③新即物主義映画、横断面映画、モンタージュ映画は、麻痺におそわれた精神的共同体の内部の動きを暴露するものである。

それに続くヒトラー政権直前期の映画を論じる前提として、クラカウアーは一握りの狂信者によってドイツ民衆が制圧されたのではないことを強調している。

「ナチの教化に免疫であることを示す代りに、大多数のドイツ人は自ら進んで、全体主義の支配に順応したのであり、それはたんなる宣伝と恐怖の結果ではあり得なかった。」

それは日常生活そのものが虚構化していくなか、この時期に人気を博した現実逃避的なオペレッタ映画に象徴されている。また、ラング監督『M』（一九三一）をドイツ国民の心理報告書と見なした上で、ゲッベルスが上映を禁止した同じラング監督の反ナチ映画『怪人マブーゼ博士』（一九三三）について、次のように解説している。

「ラングの映画ではしばしばそうであるが、法は勝利を得るが、無法の方が華麗を極める。この反ナチ映画は、それに抵抗するに足るだけの用意を持たない心におよぼす、ナチ精神の特殊な魅惑力を示している。」

結局、ワイマール共和国を支持した人々においても、その民主主義的信条は強い情感の支持を欠いていた。『カリガリ博士』において予感されたものが、ヒトラーによって実現されたというわけである。

「そもそもの始めから、ドイツ映画の予想していたことが、こうして成就したので、映画が創造した顕著な諸性格が、今や実人生の中に現実の姿となって出現した。」

革命後の混乱期に作られたラング監督『ニーベルンゲン』（一九二四）の映像から「人間的なものに対する装飾的なものの完全な勝利」を読み取り、ナチの意匠家が「大衆の装飾」を街頭や集会で作り上げるのにこの作品から暗示を受けたであろうとクラカウアーは推定していた。本書の結びの言葉は、なんとも映像的である。

「ニュルンベルク［党大会］では、『ニーベルンゲン』の装飾的パターンが巨人的なスケールで現われた。すなわち、旗の波と人工的に配置された群衆が現われた。（……）それはすべて、スクリーン上に現われた通りであった。最後の悲運の暗い予感もまた実現された。」

このように映画の中に一定のモチーフの人気＝反復を見出し、ドイツ国民の精神的ジレンマをクラカウアーは読み解いた。つまり、ストーリー展開の類型から観客の内面的欲求、権威主義的支配に服したいという国民心性をあざやかに引き出した。だが、それはクラカウアー自身が序論で述べたように超歴史的な国民性という視点を退けていただろうか。

確かに、ルターやワーグナーのドイツ精神にさかのぼる議論は意図的に退けている。しかし、別な意味での「ドイツ特有の道」の記述となっていないだろうか。例えば、『カリガリ博士』の国際的な大ヒットを考えれば、この映画に「ナチズム」の影を見るよりも普遍的な「近代」の闇を見るべきではないのか。

またナチ体験から時間の流れとは逆に映画を見ているため、第一次世界大戦前の『ゴーレム』（一九一四）にさえナチズムの表象を読み込むことになり、ワイマール民主主義にあった別の可能性は完全に無視されている。

そうした宿命論的な単純化という限界はあるものの、文献資料中心の歴史学がこれまで十分に扱うことが出来なかったイメージの分析において、この先駆的な映画研究が示してくれた可能性はなお大きいと言えるだろう。

Siegfried Kracauer, *From Caligari to Hitler: A Psychological History of the German Film*, Princeton University Press,1947.（邦訳：平井正訳、せりか書房・増補改訂版一九八〇）

18　ダニエル・ブーアスティン『幻影（イメジ）の時代』（原著刊行年　一九六二）

――ニュースを製造する疑似イベント

ブーアスティン（一九一四―二〇〇四）　シカゴ大学教授。ハーバード大学卒業、オックスフォード大学留学、イエール大学で博士号取得。

広告業界のバイブル？

この「名著30」の中で、もっとも好きな本はどれかと問われたら、迷わず本書をあげる。本書は一九世紀後半の複製技術革命（グラフィック・レボリューション）によって到来した疑似（シュード）イベント時代における大衆文化の変容を描いたアメリカ史である。歴史研究が優れたメディア研究たりうることの証（あかし）である。その自覚は著者にないとしても、メディア史家の鑑（かがみ）である。

本書が含まれる「現代社会科学叢書」（東京創元社）は大学時代によく読んだ。E・フロム『自由からの逃走』からD・ベル『イデオロギーの終焉』まで約三〇冊が書斎の一角に並んでいる。ただし、叢書中で繰り返し手に取ったのは、W・シュラム『マス・コミュニケーション』と本書ぐらいだろう。前者も大学の一回生向け演習のテキストとして何度か使用したが、メディア研究の醍醐味を多くの読者が堪能できるのは本書だろう。

私が本書と出会った時期はかなり遅い。東大新聞研の助手時代だから一九九三年頃だろう。青木貞茂さん（現・法政大学社会学部教授）から博報堂の社内研究会の講師に招かれた。その飲み会で広告人として一番感銘を受けた本は何かが話題となり、複数の人が本書を挙げた。翌日、さっそく購入して読み始めた。

序章「とほうもない期待」から第一章「ニュースの取材（ギャザリング）からニュースの製造（メイキング）へ――疑似イベントの氾濫」、第二章「英雄から有名人へ――人間的疑似イベントの氾濫」、第三章「旅行者から観光客へ――失われた旅行術」、第四章「形から影へ――形式の分解」、第五章「理想からイメジへ――自己実現の予言を求めて」、第六章「アメリカの夢からアメリカの幻影へ？――威信のもつ自己欺瞞的魔術」まで一気に読み通した。邦訳書の副題「マスコミが製造する事実」から誤解されがちだが、本書はマスコミ陰謀説ではない。むしろ、私たち自身がメディアに向ける欲望、つまり「とほうもない期待」と、それに伴う自己欺瞞の方法について考察している。

「新しいこと」、すなわち「ニュース」が毎日あることが期待されている現代社会では、出来事がなければそれを作りだし、ヒーローがいなければそれを生みだすことが求められている。新聞に毎朝、新しいニュース（重複表現！）が満載されていることを私たちは期待しており、そうした欲望を満たすシステムこそ、メディア産業なのである。

またヘーゲルが『歴史哲学』で述べたように、「幸福な時期とは世界史における空白な頁である」のなら、平和な日常生活の中で「ニュース」を期待する読者の欲望こそが倒錯的である。そして、その倒錯した欲望を刺激し続けることで発展したビジネスこそ、ジャーナリズムにほかならない。新聞紙面に空白はありえず、テレビ報道で番組時間が短縮できない以上、ニュース取材がニュース製造へと移るのは必然である。その際、もっとも確実に定期的に、そして安価にニュースを製造できる手法が「記者会見」である。そこで提供されるのは「事実」だけでない。新聞に必要な「写真」、テレビに必要な「映像」、つまりイメージ（画像）なのである。

†グラフィック革命と「画像」の大量生産

原タイトル The Image は『幻影（イメジ）の時代』と訳されている。訳者はあとがきで「イメジ」と「幻影」を重ねた理由を、疑似（シュード）イベント論において両者は同義だと説明している（また、日本語で一般的なイメージとニュアンスが異なるため、原音に近い「イメジ」の表記が使われている）。それはよいとしても、メディア論としてはまずイメージを「幻影」よりも原義に近い「画像」として解釈するべきだろう。複製技術革命（グラフィック・レボリューション）も直訳すれば「視覚表現革命」だからである。

写真技術の発明を起点とするグラフィック革命は、新聞に「目に見えるように書く」報道スタイルを定着させた。新聞にはじめてハーフトーン写真が掲載されたのは、一八八〇年三月四日にニューヨークで発行された『デイリー・グラフィック』である。さらに一九九〇年代にカラー印刷コミックの新聞掲載も可能になった。イエロー・ジャーナリズムの幕開けである。

「新聞記者は出来事の起こる以前に、起こりそうなイメジを描き、報道を準備しておくという誘惑に落ち入った。（……）読者や観客は、報道の自然さよりも、物語の迫真性や写真の〈本当らしさ〉を好むようになった。」

それ以前なら、新聞は存在しない出来事を報道する義務も必要もなかった。しかし、この革命以後、出来事（ニュース）よりも画像（イメジ）がすべてにおいて先行していた。生き生きとしたイメージに青ざめた現実は追いつけないため、イメージどおりのニュースを製造する疑似イベントは不可欠となった。このニュース製造システムが「インタビュー」や「記者会見」であり、「テレビ討論」なのである。この疑似イベントと宣伝の違いをブーアスティンはこう説明する。

「疑似イベントはあいまいな真実であるが、宣伝は魅力ある嘘である。（……）宣伝は事実を意見でおきかえるのに対し、疑似イベントは合成的事実である。この合成的事実は、人々がみずから判断を下す「事実」の基礎を提供することによって、人々を間接的に動かす。しかるに宣伝は、人々のために明白な判断を下すことによって、人々を直接的に動かす。（……）宣伝は経験を極度に単純化し、疑似イベントは経験を極度に複雑化する。」

複雑な経験からいずれかを選択する自由が与えられる限り、人々は自由を感じることができる。むろん、複雑化から逃れるべく、「自由からの逃走」として宣伝が選好されることもあるだろう。

第二章「英雄（ヒーロー）から有名人（セレブリティ）へ」では、疑似イベントは出来事だけでなく人間にも及ぶことを明らかにしている。ある人間が偉大になるのは容易なことではなかった。だが今日、費用さえつぎ込めば、ある人間を有名にすることなどいともたやすい。

「英雄は自分の力で英雄になった。有名人はマスコミによって作り出された。英雄は大きな人物である。有名人は大きな名前である。」

しかし、悪いのはマスコミではない。民主主義社会で平等を求める大衆は、偉大な個人の存在など歓迎しない。英雄崇拝はプラトン以来、反民主主義の教義だからである。グラフィック革命の結果、英雄を自ら作り出した能動的「民衆（フォーク）」は出来合いの有名人を求める受動的「大衆（マス）」に変わったのである。

「アメリカではわれわれは、「民衆（フォーク）」が衰退し、「大衆（マス）」が台頭するのを目撃した。ふつう、文字の読み書きができない民衆も、自分では気がつかないが、彼ら独自の方法で創造的なのである。（……）しかし、マス・メディアと大量流通の支配するわれわれの世界では、大衆は的（まと）であって矢ではない。耳であって声ではない。」

ホガート『読み書き能力の効用』（↓9）の労働者階級文化論と同じトーンが読み取れる。こうしたペシミズムがエリート主義と批判されるだろうことも予想していたのだろう、ブーアスティンは現代社会の「真の英雄」は匿名人であると主張する。

「それは、教師・看護婦・母親・正直な警察官、孤独な、薄給の、魅力のない、人に知られない仕事に精出している人たちである。すべてがさかさまの世界では、これらの人たちは賛美されないがゆえに英雄としてとどまることができるのである。」

「ニュース」や「有名人」だけではなく、グラフィック革命は「体験」や「記憶」の意味も一変させてしまった。たとえば、第三章「旅行客（トラベラー）から観光客（ツーリスト）へ」で取り上げられるのは旅行という経験の商品化である。まず語源的考察から、旅行者は経験を探し求める能動的人間、観光客は楽しみを待つ受動的な人間と定義されている。旅行は自生的な文化の性格を失い、観光という商業的アトラクションとなる。一回的な旅行を反復可能な観光に転換する装置が団体旅行、ホテル、モーテルであり、それは経験を大量生産するための技術である。観光客が美術館で目にする「本来あるべき場所から運び去られた」作品、「子孫によって眺められることのない先祖の肖像画」に関する記述は、芸術作品における礼拝的価値から展示的価値への変化、すなわちベンヤミンの「アウラの消滅」(↓16)とも通じている。当然、観光客の目的はホンモノにふれる体験ではない。

「われわれの興味の大部分は、われわれの印象が新聞・映画・テレビに出てくるイメージに似ているかどうかを知りたいという好奇心から生まれる。(……)われわれは現実によってイメージを確かめるのではなく、イメージによって現実を確かめるために旅行する。」

期待通りの風景を見るために、私たちは観光地に赴くのであり、外の景色を見る代わりに、景色を見ている自分が映った写真を見て満足するのである。

†イメージ的思考とポスト真実

第四章「形から影へ」では、アメリカのマス・メディア史が概説されている。章タイトルの含意は、一九二二年に創刊された『リーダーズ・ダイジェスト』に関する次の記述で明らかだろう。同誌はオリジナルではなく二次創作を売り物に最大の部数を誇った雑誌である。

「影のほうが、実体より売れるのである。もはや要約やダイジェストは、読者をオリジナルに導いて真に欲するものを手に入れさせる手段ではなくなったのである。ダイジェストそれ自体が、読者の望むものになった。影が実体になったのである。」（強調は原文）

二次創作の価値がオリジナルを離れて、それを上回っていく過程である。この逆転は、映画とその原作小説の場合が典型だろう。多くの人にとって『風と共に去りぬ』の「オリジナル」とはアカデミー賞映画（一九三九）である。M・ミッチェルの原作小説（一九三六）は表紙に映画の主役（C・ゲーブル＆V・リー）が印刷されたペーパーバック版で購入されている。オリジナルとコピーの対立図式が有効性を失い、大量生産により現実の製品で差異が目立たなくなるとき、目に見える差異を生み出すブランドの価値はますます高まっていく。

第五章「理想（イデアル）からイメジへ」では、こうしたブランドの製造・流通・管理にたずさわる広告代理店、PR会社、世論調査会社のテクニックが分析されている。グラフィック革命は「理想の思考」から「イメジ的思考」への転換をもたらしたが、それは「事実」ではなく「価値」に働きかける広告的思考とも言えよう。広告業者は虚偽の生産者ではなく、私たち自身が欲する「真実らしさ」を合成する協力者にすぎない。

「われわれすべては——マジソン街の魔法使いだけではなく、あらゆるアメリカの市民＝

消費者は――毎日、なにかが事実であるかどうかということより、信じたほうが便利であるかどうかに関心を寄せているのである。いまや真実をつかむ者は事実をつかむものではなくて、自分で立てた予言を自分で実現するという技術の練達者なのである。重要なことは、真実ではなくて真実らしさである。」

「ポスト真実の時代」はなにも二一世紀にトランプ大統領とともに始まったわけではない。グラフィック革命以来、すでに一五〇年間続いてきた。広告の技術とは真実でも虚偽でもない説得力のあるコピーをつくる技術である。ニュースを作るジャーナリストと同様に、広告業者も真実を尊重する伝統的な道徳の破壊など企ててはいない。どちらも疑似イベントの技術者なのである。グラフィック革命により彼らが手にしたのは、ものごとを真実化する自己成就の予言能力である。真実になるだろうと予言するだけでいい。その通りの真実が実現する。

「広告がわれわれの経験をまどわせるのは、広告業者が嘘つきだからではなく、彼らが嘘つきでないからなのである。広告はわれわれの日常の生活を、広告独自の虚偽のゆえにではなく、広告独自の真実のゆえに当惑させるのである。」

　この技術は輿論の製造にも転用された。W・リップマン『世論』（↓21）における小文字の public opinions（世論）と大文字の Public Opinion（輿論）の定義が本書でも引用されている。世論から輿論への合成もこの予言のテクニックにより可能になった。この場合、輿論とは報道の目的で製造される疑似イベントである。それを真実らしく見せるべく世論調査が行われるが、具体的だが単純にして曖昧な結果発表は、最も強力な疑似イベントの一つである。その結果を支持し、あるいは批判する「ニュース」は、いくらでも製造可能なのである。この輿論は自発的に表明された大衆の意見ではない。大衆が自らを同調させるイメージである。それは大衆に与えられたものというよりも、もともと大衆が潜在的に抱いていた感情を顕在化させたものだという。

「世論調査の最大の危険性は、それが不正確だから生じているのではなく、それが正確であるところから生じているのである。」

たとえ世論調査が犯罪的であったとしても、主犯者は私たち一人ひとりである。決して被害者などではない。全員が共犯者なのだ。

本書の診断は明快にして的確だ。だが、私たちが疑似イベントの世界を脱する明確な処方箋は示されていない。むしろ、「治療薬」への信念こそ、私たちが囚われている最大の幻影だという。それでも最後にこう訴えている。

「われわれのひとりひとりが目を覚まし、とほうもない期待をいだかないようにし、外の世界からのメッセージをいつでも受けられるように準備しなくてはならない。」

Daniel J. Boorstin, *The Image : or, What happened to the American dream*, Pelican books, 1963.
（邦訳：後藤和彦・星野郁美訳、東京創元新社・一九六四）

19　ダニエル・ダヤーン&エリユ・カッツ『メディア・イベント』（原著刊行年　一九九二）
――歴史をつくるメディア・セレモニー

ダヤーン（一九四三―）メディア人類学者、マルセル・モース研究所フェロー。
カッツ（一九二六―）コミュニケーション学者、ペンシルベニア大学名誉教授。

†「玉音放送」から「玉顔放送」へ

名著の名著たるゆえんの一つは、その汎用性である。時代や領域を超えたさまざまな対象に対して発想のヒントを与えてくれるかどうか、それが問われる。「**メディア・イベント**は、**時間に区切りをつける中断**であり、**場合によっては**、「**時代**」**の始まりと終わりのしるし**となる。戦争のように、それは現存する暦を中断する。」（強調は原文）

本書を久しぶりに書架から取り出したのは、二〇一六年八月八日だった。その日、退位の意向をにじませた天皇明仁（現・上皇）のビデオメッセージが放送された。平成の終わりの始まりを告げるセレモニーである。それを「玉顔放送」と私が呼ぶ理由は、レコード録音のラジオ放送からビデオ録画のテレビ放送に媒体が変化したとはいえ、事前収録された天皇のメッセージ放送が国民世論を動かしたという点で、一九四五年八月一五日にその父、昭和天皇が行った「玉音放送」を想起させるからである。ほぼすべての国民がその内容ではなく心情を理解し、事実ではなく印象に共感した。当然ながら玉音放送よりも現示型シンボル（身体表現）の印象がさらに強いため、それに対する意見を論弁型シンボル（言語）で表現することは難しい。このメディア・イベントへのコメントを新聞各社から求められていた私は、本書を改めて紐解いたのである。

日本のメディア研究者もこれまでメディア・イベント、つまり「メディアが社会的に重要な意味を付与すべく演出する出来事」について盛んに論じてきた。たとえば、津金澤聰廣編著『近代日本のメディア・イベント』（一九九六）である。吉見俊哉は同書所収の「メディア・イベント概念の諸相」で、それを三つに分類をしている。第一に新聞社、放送局などメディア企業が自ら演出する企画イベント（ブーアスティンのいう疑似イベント↓18）、第二にマス・メディアによって大規模かつ集中的に報道される中継イベント、第三に偶発的事件がメディアの報道でドラマ化される社会的事件である。同書でも、甲子園野球大会、ラジオ体操から美術展、音楽会まで、どちらかといえば新聞社や放送局などメディア企業の事業活動を念頭に置いたイベントに強い関心が向けられていた。吉見の第三分類、つまり集中的事件報道（たとえば、一九九四年オウム真理教事件、二〇〇一年九・一一米同時多発テロなど）の研究もあるが、それがメディア・イベントとして意識されることは少ない。

ダヤーン&カッツが本書で中心的に扱うのも、日常生活から切断された文化的セレモニー、吉見の第二分類である。日常性のメディアであるテレビは、この非日常的な公的行事の中継によって「祭礼的テレビ」となる。オリンピックやワールドカップの中継に加えて、一九六九年アポロ11号の月面着陸、一九七七年サダト大統領のエルサレム訪問、一九八一年チャールズとダイアナのロイヤル・ウエディング、一九八九年東欧革命などが分析されている。それは「電子的モニュメント（記念碑）」として事前に周到にデザインされ、視聴者に特別な連帯感を呼び起こし、国民的記憶を創出する。日本のメディア研究でも、一九五九年明仁皇太子と正田美智子さんの御成婚、一九六四年第一八回東京オリンピック、一九七〇年大阪万国博覧会などの国民的記憶を扱った研究は盛んである。しかし、祭礼的視聴行動と国民的記憶という問題関心からすれば、まず重要なのは「戦後の原点」玉音放送ではないか。

私がメディア・イベント研究に関心をもったのは、津金澤聰廣編著『戦後日本のメディア・イベント 一九四五―一九六〇年』（二〇〇二）に寄せた「降伏記念日から終戦記念日へ――記憶のメディア・イベント」からである。玉音放送という祭儀（カルト）放送の記憶研究は、のちに『八月十五日の神話――終戦記念日のメディア学』（ちくま学芸文庫）にまとめた。「忠良なる爾（なんじ）臣民」に向けた放送への参加感覚があまりに強烈だったため、いまだに多くの日本人は敗戦日を八月一五日と錯覚している。いうまでもなく戦争とは相手のある外交事項である以上、国際標準ではミズーリ号艦上で降伏文書調印が行われた九月二日が終戦日である。「玉音放送の終戦」という内向き（ドメスティック）な記憶を抱きしめ、「降伏文書の敗戦」というグローバルな歴史を忘却した戦後平和論の歪みの原点がここにある。それを分析した『八月十五日の神話』の執筆時、私は「テレビ研究」である本書を参照しなかった。そもそもメディア・イベントのライブ性（生放送）にこだわる本書の定義からすれば、前日のレコード録音を再生した玉音放送は対象外となる（とはいえ当時、聴取者に録音と周知されていたわけではないため、それを耳にした多くの日本国民は「生放送」と受け取っていた）。それでも、二〇一六年の玉顔放送を前に本書を読み直したとき、境界的状況（リミナリティ）のメディア・イベントとして玉音放送の意義を理解する上でも大いに役立つことに気がついた。境界的状況とは、儀式の際に通常の社会構造が棚上げにされ、現実に関する定義が一時的に変更される事態を指す人類学の用語である。日本においては玉音放送の集団聴取が、一億玉砕から一億総懺悔へ、あるいは戦争から平和への定義変更の祭儀として機能したからである。

†競技型・制覇型・戴冠型のシナリオをめぐる駆け引き

本書の議論でよく引用されるのは、テレビ・セレモニーの脚本・演出における三類型である。スポーツや政治討論会など「競技（コンテスツ）」型、外交交渉や月面着陸など「制覇（コンケスツ）」、国家元首の結婚や葬儀のパレードなど「戴冠（コラネイションズ）」型は、マックス・ヴェーバーの「支配の三類型」（合法的支配／カリスマ的支配／伝統的支配）に対応している。すなわち、ルールを強調する競技型、カリスマ性を帯びた英雄を称賛する制覇型、社会的に承認された価値への忠誠を誓う戴冠型である。その構造を図式化した原著のリストをさらに単純化したのが次頁の表1である。

いずれも非日常的な威厳や成果を強調し、共同体構成員が共有すべき価値をクローズアップして、その強化を視聴者に訴えかける。こうしたメディア儀礼は、複雑に分化した大衆社会を統合するために、不可欠な社会装置でもある。こうした合意形成の手法は、前近代における「代表具現の公共性」の進化型としてハーバーマスが「公共性の再封建化」と呼んだものとも重なる（↓22）。それはヴァーチャルな儀礼空間の形成により、参加者の規模を限りある現場の観客から無制限なメディアの受け手へと拡大するだけではない。イ

表1

	制覇型	戴冠型	競技型
1．定期性	周期的	一回的	反復的
2．ルール	合意あり	なし	伝統
3．場所（舞台）	闘技（討議）場	境界領域	巡路
4．対立構図	人間 vs 人間	英雄 vs 規範	儀礼 vs 現実
5．形勢	対等	英雄不利	儀礼不利
6．脚本	どっちが勝つか?	英雄は勝つか?	儀礼は成功か?
7．主役の役割	ルールに則る	それを改定する	それを体現する
8．テレビ側の役割	中立的	語り部的	聖職者風
9．視聴者の役割	判定する	立ち会う	誓う
10．メッセージ	ルールの至上性	その変更可能性	その伝統依存性
11．権威の形態	合理的・合法的	カリスマ的	伝統的
12．紛争処理	人間化	超越化	中断
13．時間の指向性	現在	未来	過去

ベントを街頭で眺める群集よりも、それを自宅のテレビで見る（判定する／立ち会う／誓う）視聴者の方が能動的なのだ。また、競技型・征服型・戴冠型のいずれのフレームで「企画／演出／解釈」するかで「主催者／メディア／視聴者」間のせめぎあいも生じる。この点で、本書はカルチュラルスタディーズ研究の能動的視聴者論（アクティブ・オーディエンス）と「意味の闘争」を踏まえた研究フレームを採用している。対抗型コードを採用して主催者側の意図を批判する視聴者が存在することは折り込み済みなのである。

†メディア・イベントの魔術的効力と能動的参加者

それでは玉音放送は、戴冠型、制覇型、

競技型のどのシナリオで分析されるべきだろうか。本書によれば、アポロ11号月面着陸中継のシナリオは短期間で競技型から制覇型、戴冠型へと移行していた。当初はスプートニク・ショックから始まる冷戦期の米ソ宇宙「競技」、やがてアポロ計画によるアメリカの月面「制覇」、最終的には宇宙飛行士を英雄として称える「戴冠」となった。玉音放送の場合、「堪え難きを堪え、忍び難きを忍び」戦時国際法のルールに則（のっと）りポツダム宣言（現在）を受諾した「競技」、天皇が国体（ポリティ）を体現して軍国日本（過去）の葬儀を司式したとみなす「戴冠」、未来に向けて「万世の為に太平を開かむ」とした御聖断の「制覇」が重層化していた。歴史認識としては、「戴冠」から「制覇」への読み替えに向けて日本国民の記憶は再編されたと言えるだろう。

「制覇型は、カリスマ的モデルが政治の舞台に突如出現する場面を提示する。それは、ゆきづまった状況にはたらきかけ、そこに変化の可能性をもちこむ。主役をある種の「シャーマン（呪術師）」に転化させることで、制覇型は、古代的な社会の儀礼にきわめて近づく。それは、現存するシステムの矛盾に対する反応として、ある新しい象徴秩序を「試行」したり「範型化（モデリング）」したりすることを可能にする。」

ただし、玉音放送についても対抗的なコードでの読解——たとえば丸山眞男の「八・一五革命」論——も存続しており、終戦日の法的位置づけには「戦没者を追悼し平和を祈念する日」の確定まで戦後三六年を要した（一九八二年四月一三日鈴木善幸内閣で閣議決定）。いずれにせよ、玉音放送が「戦前への弔辞」であれ「戦後の祝詞」であれ、日本国民にとって戦後史の原点となっている。そこにメディア・イベントの「魔術的効力」を認めるべきだろうか。

著者の一人カッツは「コミュニケーション二段階の流れ」仮説（一九五五）をP・ラザースフェルドとともに打ち出した限定効果論（↓4）の代表的研究者である。メディア・イベントにおいて「家庭は公的空間になる」という主張など、パーソナル・インフルエンスやオピニオン・リーダーの役割を強調した自身の研究との連続性も読み取れる。だからこそ、そのカッツによるメディア・イベントの強力効果論を意外と感じる読者もいるだろう。彼がイスラエルに移住したシオニストであるという思想的背景より、メディア研究のパラダイムにおける変化から説明するべきだろう。それには本書の補録「メディア・イベントの作用を評定する五つの枠組み」が役立つ。メディア・イベント研究に先行する四つのマス・コミュニケーション研究（①説得研究②批判理論③利用と満足研究④メディア技術論）と⑤象徴人類学の成果が表2のように整理されている。

メディア・イベントの評価に対して、四つのマス・コミュニケーション研究の立場は複雑に入り組んでいることがわかる。①④は社会の変化に、②③はその安定に目を向ける。

表2

①説得研究	メッセージは	諸個人の	認識を	短期的に	変化させる
②批判理論	メディアは	社会の	権力編成を	長期的に	補強する
③満足研究	メッセージは	個人により	欲求に	短期的に	利用される
④技術理論	メディアは	社会の	編成を	長期的に	変化させる
⑤人類学	セレモニーは	共同体の	時間を	演劇的に	組織する

①②は認識を、②③は欲求を問題にする。①③は個人への短期的効果を、②④は社会への長期的効果を強調する。こうしたコミュニケーション研究が主に日常的なメディア接触を対象とするため、非日常の特別なイベントの研究には⑤象徴人類学の知見が不可欠になる。それゆえに、冒頭でブーアスティン（↓18）よりモッセ（↓5）を重視するとわざわざ宣言しているわけである。

本書ではテレビの日常的視聴行為とメディア・イベントの祭礼的視聴行為の違いが強調され、同じスクリーンでも「異なるメディア」と考えるべきだという。視聴者は日常性においてチャンネル、番組、広告を選択する情報の消費者だが、メディア・イベントにおいては身支度をし、姿勢を正す祭儀参列者となる。競技型であれ戴冠型であれ、総員起立の国歌斉唱シーンが映されることが多い。もちろん、玉音放送の前後にも「君が代」が流され、アナウンサーは「ご起立ください」と指示を出していた。次の文章の「テレビを観る」を「ラジオを聴く」に、「スクリーンで見ている」を「受信機で聞いている」に変えれば、玉音放送の解説として十分通用するはずだ。
「テレビを観る人々（スペクテイター）は、自分たちが歴史の方向転換に加わっていると感じ、一人でそれに立ち会わないことを望む。集団的な視聴行為は、現実に関する共通のとらえ方を強化する。それによって視聴者たちは、自分たちがスクリーンで見ている演技的ふるまいが、現実に起こっていることなのだと確認しうるわけである。」

ダヤーン&カッツは「メディア・イベントは、テレビの未来を予示する」と述べている。二〇一六年の「玉顔放送」を日本国民が見たのも圧倒的にテレビだった。日常のインターネット利用は普及したが、非日常のメディア・イベントにおいて「最後の国民統合メディア」テレビの役割はいまだ衰えてはいないように思える。

Daniel Dayan/Elihu Katz, *Media Events: The Live Broadcasting of History*, Harvard University Press, 1992.

（邦訳：浅見克彦訳・青弓社・一九九六）

20　マーレー・エーデルマン『政治の象徴作用』（原著刊行年　一九六四）
——政治の舞台としてのメディア

エーデルマン（一九一九—二〇〇一）　アメリカの政治社会学者。ウィスコンシン大学G・H・ミード講座担当教授。『政治スペクタクルの構築』など。

†シンボル政治の効果論

本書との出会いは留学時代、ミュンヘン大学の近代史ゼミだった。私の修士論文「宣伝政党・ドイツ社会民主党と大衆プロパガンダ『真相』」のシンボル分析について概要を報告したとき、政治学専攻のドイツ人学生から質問があった。

「シンボル政治について君はどう考えているのか。たとえば、エーデルマンの著作をどう評価するのか？」

恥ずかしながら、エーデルマンについて私は何も知らなかった。私が戸惑っていると、担当講師が引き取って答えてくれた。「シンボルが政治過程に及ぼす機能を解明した古典だから、あなたの研究には役立つかもしれませんね」と。

さっそく大学図書館で借りだした。わざわざドイツに来てなぜ英書と、しぶしぶ読み始めたが、それは刺激的な内容だった。エーデルマンは実質的利益を引き出す「手段としての政治」よりも、感情に作用し人々を統合する「象徴としての政治」が重要であることを強調している。そもそも事実の提示や合意的議論で決着のつくような問題に関して、政治は必要ではない。政治とは、意味をめぐる正否の明確でない象徴をめぐる闘争なのだ。政治家や官僚でない一般市民が、政治で実質的機能ではなく象徴的機能を重視するのは当然である。メディアが政治ニュースで現実よりも感動を重視するのもそのためだ。読者、視聴者が求めているのはファクトではなくシンボルなのだから。

本書が日本で紹介されるのが遅れた理由は、戦後民主主義の建前を尊重する日本の学界体質のためだろうか。確かに、エーデルマンの政治観におけるペシミズムは強烈である。しかも、「後記」の結びで引用されているのがマルクス『資本論』やエンツェンスベルガー『意識産業』(↓2)であるように、その心情はおそらく左翼、リベラルである。政治への楽観か懐疑か、それによって左翼と右翼、リベラルと保守を識別するのが一般的である。そのため、政治に懐疑的なリベラル?という本書のスタンスに困惑する読者が多いかもしれない。しかし、左・右どちらの政治にも懐疑的な私にとっては、大変腑に落ちる内容である。国政選挙や国会デモなどへのコメントを新聞社から求められるたびに、私は本書の記述を思い浮かべてきた。

エーデルマンは序論で次のように述べている。一般市民にとって政治への直接参加といえば、選挙投票ぐらいである。メディアは「選挙の争点が重要だ」と繰り返すが、投票行動研究の示すところによれば、選挙の争点は人々の投票の決定要因ではない。有権者の大半は何が争点であり、どの政党がいかなる立場をとっているのか、ほとんど何も知らないからである。それでも選挙に重要な意味がある。それは未開社会の祭りがそうであるように、人々の不満や情熱を表現し、政治に参加しているという実感を与える儀式だからである。

これほど争点への知識が欠けているにもかかわらず、自分の判断が論理的かつ合理的に正しいと人々が信じ込める領域は、選挙の他には信仰ぐらいかもしれない。恋愛であれ投資であれ、もっと情報を吟味するはずなのだ。投票以外でも民衆の政治参加としてもてはやされるもの、たとえば街頭デモなども、シンボリックな政治の典型である。それは見て楽しむスポーツのような政治であり、具体的な便益の獲得競争としての政治ではない。「ほとんどの人にとって政治とは、たいていの場合、一連の心的形象にすぎず、テレビ・ニュースや新聞、雑誌、他人との議論が持ちこんできたものである。」

つまり、政治とはシンボルが目の前を通り過ぎてゆく過程である。シンボルには客観的な事実に導く指示(レファレンシャル)的シンボルと、愛国心・過去の栄光・屈辱の記憶など特定の感情を示す凝縮(コンデンセイション)的シンボルがある。大衆政治で重要な象徴はもちろん後者である。

「絶えず市民の怒りを買っている政府や、市民に歓迎されない行動を新たに強いようとする政府ほど、明らかに、安堵感をもたらす象徴を必要とする。従って、あらゆる全体主義的国家が徹底的かつほとんど恒常的に、国民を公的問題の討議に巻きこむのも偶然ではない。大衆集会、政治講演、集団討議、年齢や職域単位の組織化が、いかなるファシスト独裁、共産主義独裁においても日常的に実行されている。」

もちろん、こうした政治活動の活性化は独裁体制の十八番(おはこ)でもない。民主主義体制の下でも負け慣れた野党・反対派は、選挙後に「よくやった、次はもっと頑張ろう」という体裁さえ整えば、具体的な成果はなくても平和や人権など抽象概念が織りなす世界観ドラマへの参加だけで十分に満足してしまう。そうした複雑な世界観ドラマの簡潔にして神聖な表現が憲法である。

「憲法はその起源の点でも現実的な効果の点でもきわめて非合理的なものである。」

だとすれば、憲法が政治的に争点化される理由は自明だろう。反乱の可能性を孕(はら)む社会的不平等などへの怒りも、立憲的な批判というシンボル儀礼によって和らげられるからである。とはいえ、エリートがメディアによって神話と儀礼を操っているという陰謀論に与するべきではない。そうした政治の詐術は基本的には失敗する。実際に行われているのは、人々が「社会的構成のうちに」生きることで生み出される強力な凝縮的シンボルの活用なのである。

†政治的リーダーシップと「勝利のイメージ」

本書の特長は、こうした象徴と政治との関係を国家が催す特別な公式メディア・イベント（↓19）からではなく、日常的な公私の政治活動から順次考察した点にある。それは政治的沈黙（第二章）、行政システム（第三章）、政治的リーダーシップ（第四章）、政治の舞台装置（第五章）、言語と政治（第六・七章）、政治的到達目標（第八章）、大衆の反応（第九章）で構成されている。メディア論としては、第四章「政治的リーダーシップ」の汎用性が高い。その応用例として、私が二〇〇六年参議院選挙前に書いた時評「『アベ政治に反対』と野党が叫ぶほど、安倍首相が指導力を発揮しているイメージは強化されるという〝逆説〟」を引用しておこう。文中のギャラップ発言も本書からの再引用である。

＊　＊　＊

株価急落、円高更新のニュースが続くわけだが、これがアベノミクスへの打撃となったとしても、はたして選挙で与党に不利に働くだろうか。むしろ、危機的状況は与党優勢の流れに拍車をかける可能性さえあるだろう。アベノミクスの継続を訴え続ける安倍首相の演説姿をテレビで眺めつつ、「科学的世論調査の父」ジョージ・ギャラップが米大統領の人気について語った言葉を思い出した（Opinion Polls ,1962.）。

「人気が急落するのは、たぶん、大事件に直面しているのに大統領が何もしないときだと言ってよいでしょう。何もしないというのが一番いけないんです。何をしたっていいんです。間違っていたとしてもね。それで人気がなくなることはありません。……人々が評価するのは、大統領が何をしようとしているか、つまり目標です。何を成し遂げたか、どれほど成功したかが問われることは必ずしもないのです。かつて、誰もが私たちにローズヴェルトの誤りをあれこれくり返し並べたてたものでした。それでも、こう続けるのです。『でも、私は彼を全面的に支持します。だって心意気は買えますよ。前向きですから。』」

この「心意気」こそ、アベノミクスの売りなのである。景気を良くする「前向き」なイメージを多くの有権者が評価するのであり、具体的な数字や政策の詳細を聞きたいと思う者などテレビの前にはいない。だとすれば、これを争点にした段階で選挙の勝敗は見えていたということになる。結局、選挙戦で大切なのは「勝利のイメージ」である。そして、今回の参議院選挙で野党の宣伝ポスターに欠けているのがまさにこのイメージだ。その典型が民進党の「まず、2／3をとらせないこと。」である。「2／3をとらせない」というスローガンで人々の脳裏に浮かぶのは、55年体制下の社会党である。かの1／3政党が戦後政治の「ブレーキ」として果たした歴史的な役割は別に評価できるとしても、そのイメージはいかにも後ろ向きというべきだろう。

さらに、同じく社会党の後継政党、社民党の「アベ政治の暴走を止める」という標語も、「一強多弱」の現状を裏書きするものだ。安倍首相が「アベノミクス」と自分の名前を冠して使うのは、自らの強力なリーダーシップを打ち出したいからである。

実際、複雑な政治プロセスを「アベ」と人格化するわかりやすい表現は、それだけで有権者に安心感を与える。大衆社会における指導者の機能は、個人では理解も制御もできない政治の複雑性を指導者という人格に縮減することで人々の不安を解消することにある。

つまり、野党が「アベ政治に反対」を連呼すればするほど、安倍首相が指導力を発揮している躍動的なイメージは強化されるわけだ。政治のシンボル作用について、野党はもう少し慎重に考えてもよいのではないだろうか。シンボル政治学の古典、マーレー・エーデルマン『政治の象徴作用』から次の一文を引用しておこう。

「政治的要職の現職者は攻撃を受けたからといって、力量ある指導者という印象が害なわれるわけではない。むしろ、攻撃が加えられた結果として、彼の行動が支持されたり称賛された場合以上に、そうした印象は強められるはずである。攻撃をしかける側は事実上、現職者の目下の行動力や実行力を関係者すべてに保証しているのである。とりわけ、攻撃する側が現職者自身や彼が行なっていることに対して好意をもっていないと分かっていれば、なおさら、現職者が事態に強い影響力を発揮していることを確証する十分なよすがとなる。」

だとすれば、今回の日本の参議院選挙も事前の情勢調査どおり与党圧勝となりそうだ。ちなみに、エーデルマンは「曖昧なるもの」を単純化する世論調査については、その体制維持的な影響力を批判している。世論調査は投票がもつ正統性の認証機能を適用拡大し、社会システムを安定させているというのだ。(現代ビジネス、二〇一六年七月六日)

＊　＊　＊

この時評の公開から四日後に投票された参議院選挙は、もちろん与党側の圧勝に終わっている。

†スペクタクル政治の構築

「政治とは活劇(スペクタクル)である。メディアが報道し、一般市民が目撃することもある活劇である。」

エーデルマンは一九八四年の「後記」を右の言葉で書き起こしている。「客観的現実」の実在を認めない構築主義の立場を表明しており、旧版（一九六四）で自ら使った指示的シンボルと凝縮的シンボルの枠組みに関しても、前者は政治の世界に存在しないときっぱりと認めている。凝縮的シンボルのみが存在する政治において、価値配分のパターンは固定されたままであり、ニュースは階級・人種・性・国籍その他の不平等を温存させるべく機能している、と告発する。

「今日、ニュース記者もニュース消費者も、客観的な観察や報道を歪曲してはならないという理由でもって、人間たることの証である分析能力を放棄するように、求められている。主体としての人間が抹殺され、人々自身もニュース報道も客体的な存在として、自律的な思考や感情、評価とは無縁なものとなっている。」

すでにメディア論では能動的な受け手の存在を強調するカルチュラル・スタディーズが流行していた時代だが、エーデルマンの悲観論は持続していた。しかも、それは能動的な受け手に凝縮的シンボルが及ぼす威力を認める悲観論なのである。

スペクタクル政治のコミュニケーションでは「観客」に支持される見込みがあるかどうかが決定的に重要となる。そして、支持／不支持の態度を示す観客は受動的な存在ではない。より多くの能動的観客が個々人で意味を読み取れるように、観客への公約は曖昧なもの、つまり平和、安全、繁栄となる。むろん、そうした公約は長続きしたためしがないからこそ、何世紀にもわたり繰り返し目標として掲げられてきた。その脆弱さと曖昧さゆえに、理想は政治的な魅力をもつのである。結局、政治の言語を漠（ばく）たる抽象概念にしているのは、選択する観客の能動性なのである。この曖昧なるものを明快にまとめこむ工夫の一つとして世論調査は行われている。

政治スペクタクルの特徴は、能動的観客を意識した通俗性と儀式性である。通俗的シナリオは多元的で活力にあふれた政治を実感させるものであり、その上演によって人々は自らの生活に直接影響する政策形成から遠ざけられてしまう。

「民主主義」「平和」「立憲」「自由」のみならず、ニュースも凝縮的シンボルとして機能する。人々は自らのイデオロギーを補強し、正当化するために、ニュースを利用するからである。そのため、ニュースが意味するものも人それぞれに異なっている。しかし、人々がニュースから読み取る内容が社会的に構築されたものであるという認識を欠いているため、ニュースは「現実」として人々の行動と思考を方向づけることになる。

それを避けるために、エーデルマンは政治を「歴史的視点」から理解しようと努めるべきだと提唱している。それは「いま・ここ」の利益や情熱から自覚的に距離を取ることである。残念ながら、それこそメディア史的思考だとは言っていないけれども、私は大いに共感しつつ読了した。

この「後記」を発展させたコミュニケーション論として、『政治スペクタクルの構築』（原著一九八八、二〇一三）も有益である。

Murray Jacob Edelman, *The Symbolic Uses of Politics*, University of Illinois Press, 1964

（邦訳：法貴良一訳、中央大学出版部・一九九八）

V 公共空間と輿論／世論

21　ウォルター・リップマン『世論』（原著刊行年　一九二二）
――疑似環境とステレオタイプ

リップマン（一八八九―一九七四）　ユダヤ系ドイツ移民三世。ハーバード大学を最優秀で卒業。20世紀アメリカを代表する政治評論家。

†ステレオタイプによる疑似環境

岩波文庫版が出た一九八七年、私は留学先のドイツにいた。世論研究の古典として本書を読んだのは帰国後の一九八九年、六月の天安門事件と一一月のベルリンの壁崩壊の間だった。日本の論壇で「市民運動の台頭」、「公共圏の復権」がにわかにブームとなっていた当時、大衆社会における「市民」や「輿論」の困難性を論じた本書を読むのは「反時代的」だったはずだ。しかし、そう感じなかったのはなぜだろうか。

古典は巻末の解説から読み始めるのが普通である。「アメリカ民主主義の最良の伝統を受け継ぎ、守り育てようとするヒューマニズムの精神とは何かが明らかにされている」、と訳者は書いている。さらに、「マッカーシズムとヴェトナム戦争に異議を唱えてやまなかった」と著者の経歴が紹介されている。その記述に間違いない。しかし、その解説から抜け落ちているのは、そのリベラル・デモクラシーにおける徹底したエリート主義である。

今日のアメリカで本書とその続編『幻の公衆』（原著一九二五、二〇〇七）はポピュリズム批判の「保守思想叢書」として復刻されている。だとすれば、リップマンのハーバード大学同級生としてまず紹介すべきは、訳者が挙げる『世界を揺るがした十日間』（原著一九一九、岩波文庫）のジョン・リードではなく、『文化の定義のための覚書』（原著一九四八、中公文庫）のT・S・エリオットだろう。実際、本書の思想的帰結と見なすべき『公共の哲学』（原著一九五五、一九五七）では、大衆の「公的意見（パブリックオピニオン）」を切り捨て、エリートの「公共哲学（パブリックフィラソフィ）」により「西洋の没落」に歯止めをかけることが提唱されている。リップマンのリベラリズムとは、二〇世紀のジャコバン主義（共産主義・ナチズム）、今日風にいえばポピュリズムを批判する文化エリート主義なのである。

本書執筆の契機として、第一次世界大戦中に情報担当将校としてフランスで対ドイツ宣伝戦を指揮した経験は無視できない。本書のキー概念としては、パターン化した画一イメージである「ステレオタイプ」、それが作用する「頭の中の映像」である「疑似（シュード）環境」がよく知られている。いずれも戦時下の大衆宣伝を自ら指揮した体験から生まれたものだ。

次の寓話から本書は語り起こされている。一九一四年八月の開戦を知らずに大西洋の孤島でバカンスを仲良く楽しむ英独仏の家族がいた。九月半ばに郵便船がもたらした新聞で互いの祖国が交戦状態にあることを知った人々は、日常的な社交（外界）と新聞紙上の戦闘（頭の中で描く世界）が交錯する「不思議な六週間」を過ごした、ということになる。開戦のニュースを知ったドイツ人と英仏人との間で社交が途絶えたのは、彼らの思考と行動が現実生活より新聞ニュースに依存しているからである。つまり、人間の行動とは現実環境ではなく疑似環境に対する反応なのである。疑似環境とは人々が脳裡で描いている現実環境のイメージだが、それは現実環境の正確な再現ではなく、マス・メディア情報による認識の歪みを伴っている。新聞による疑似環境の成立がプロパガンダによる大衆の合意形成を容易にしたことをリップマンは繰り返し指摘している。それは、政治家にしても同じことで、パリ講和会議の出席者たちはヨーロッパの現状を見ることなく、母国での新聞報道のみに気をうばわれていた。結局、大衆世論が求めるままに、支払い能力を無視した懲罰的賠償が敗戦国ドイツに課せられた。その結果、ヴェルサイユ体制打倒を叫ぶヒトラーのナチズムが台頭し、やがて第二次世界大戦が勃発することは周知の通りである。リップマンはパリ講和会議にアメリカ代表団随員として参加していた。ウイルソン大統領の理想主義の破綻を直に体験し、すべての公務を辞して執筆したのが本書なのである。

「疑似環境」よりも、それを支える「ステレオタイプ」の方がメディア論ではよく使われている。当時のマス・メディア、大衆新聞の印刷では活字を組んで紙型を取り、さらに鉛版（ステロ）が輪転機にかけられていた。リップマンがこれを社会学的概念として使う以前には、精神病理学で「常同症」を指す概念としても使われていた。同一の身振りや言語を繰り返す認知症患者の病理を、リップマンは現代人の「見てから定義しないで、定義してから見る」情報行動に見出したともいえるだろう。

「われわれはたいていの場合、見てから定義しないで、定義してから見る。外界の、大きくて、盛んで、騒がしい混沌状態の中から、すでにわれわれの文化がわれわれのために定義してくれているものを拾い上げる。そしてこうして拾い上げたものを、われわれの文化によってステレオタイプ化されたかたちのままで知覚しがちである。」

　こうしたステレオタイプが作用する「頭の中の映像」によって疑似環境は構築されており、私たちはその中で秩序だった日常生活を過ごしている。

「ステレオタイプの体系は、秩序正しい、ともかく矛盾のない世界像であり、われわれの習慣、趣味、能力、慰め、希望はそれに適応してきた。それはこの世界を完全に描き切ってはいないかもしれないが、一つのありうる世界を描いておりわれわれはそれに順応している。そうした世界では、人も物も納得のいく場所を占め、期待通りのことをする。この世界にいれば心安んじ、違和感がない。われわれはその世界の一部なのだ。」

こうしたプロセスは今日の認知心理学でも基本的に承認されている。人間は外界から得た情報をそのまま処理するのではなく、既に保持している認知枠組みを動員することで、新しい情報を変換処理している。ただし、ステレオタイプはしばしば好き嫌いなどの感情的要素や善悪などの道徳的価値を帯びているため、今日の社会心理学ではステレオタイプの意味を「偏見」や「多数派の先入観」に限定することが多く、リップマンの原義「ある集団の中で共通に受け入れられている、単純化された固定的なイメージ」の意味ではスキーマが使われている。

†大社会における「合意の製造」

こうしたステレオタイプによる疑似環境化が権力による情報操作やプロパガンダを容易にすることは言うまでもない。リップマンは、疑似環境化に拍車をかけるステレオタイプ成立の外部的要因として以下の五つを挙げている。①人為的な検閲、②社会的接触を制限するさまざまの状況、③読者が一日のうちで公的な事柄に注意を払う時間が乏しいこと、④事件をごく短文に圧縮して報じなければならないために起こる歪曲、⑤錯綜した世界を数少ない語彙で表現することのむずかしさ、である。

実際、村落共同体のような小社会なら多くを直接観察することも可能だが、グローバル化した情報社会では、個人がメディアによらず社会全体を一望することはできない。しかも一日平均一五分程度しか新聞を読む時間がない平均的な市民の生活を考慮すれば、世界中のニュースをステレオタイプに圧縮して提示する新聞報道は経済的合理性にかなっている。この点でステレオタイプ論はメディアの議題設定（アジェンダ・セッティング）機能（M・マコームズ）の論点を先取りしているとも言えよう。

また、ステレオタイプは大社会（グレイト・ソサイエティ）の複雑性を縮減する安心のシステムとしても不可欠である。安定した秩序と矛盾のない世界観を提供するステレオタイプを、個人は社会化の過程で吸収しており、それは「社会的遺産」として親から子供へ相続される。そのため個人がステレオタイプを拒絶すること、さらに是正することは予想以上に難しい。また大衆は労働の疲労、生活の不安、都市の喧騒にさらされており、既存のステレオタイプを内省する余裕をもっていない。「財産と教養」をもつ市民もそれは同様であり、危機状況ではステレオタイプを丸呑みするしかないだろう。結局、マス・コミュニケーションという疑似環境の下で公衆の自律的な合意形成はありえず、ステレオタイプ通りの世論が形成されることになる。こうした「合意の製造」は大衆民主主義の必然なのである。

そこで発生する弊害を取り除くためには、歪んだステレオタイプを修正する公的なシステムを確立することが必要になる。ステレオタイプは空間的にも時間的にも限定された文化的構成物であるため、国際的な視野をもち長期的スパンで思考する訓練をつんだ「非党派的専門家」ならばその問題点を指摘することが可能である。それゆえ、情報の収集と配信のコントロールを公共善に奉仕する知的な専門家の手に委ねるべきだ、とリップマンは主張する。こうした専門家の情報活動を有効に機能させるためには、誰もが「万能（オムニコンピテント）の市民」たりえるという古典的民主主義の発想は放棄されねばならない。つまり、市民がよく関心をもち、よく新聞を読み、よく議論すれば、公的な諸問題を十分に処理できるという民主主義の理想モデルの放棄である。市民の熟議は望ましい理想ではあるが、その実現が不可能であるために、その追求は現実政治にとって不都合、ときに有害だというのである。

†大文字の輿論と小文字の世論

この大衆民主主義に歯止めをかける専門家支配という視点からは、第五部「共通意志の形成」に注目すべきだろう。権力の行使方法を知らない大衆が主権者となると、人民による人民にとっての最悪の統治形態が生まれる。ここにおいて、新聞と世論は歴史的進歩の否定的契機として考察されている。

いずれにせよ、本書はステレオタイプによるシンボル操作によって、アメリカ民主主義の「合意による統治」が形骸化している状況を赤裸々に暴きだし、論壇に衝撃を与えた。公教育に参加民主主義再生の活路を見出そうとしていたジョン・デューイの反論は『公衆とその諸問題――現代政治の基礎』（原著一九二七、ちくま学芸文庫）にまとめられている。一八五九年生まれのデューイは啓蒙と進歩の信仰になお生きることができただろうが、ヒトラーと同じ一八八九年生まれのリップマンにそうした進歩への楽観はなかった。第一次世界大戦の前線体験で市民社会の価値観に懐疑的となった失われた世代（ロストジェネレーション）の一人だからである。

たとえ知的エリートが情報を管理することが現実的な解決策であったとしても、リップマンがジャーナリストとしてそれを公言すべきだったかどうかは疑問である。それを認めてしまえば、「表現の自由」や「知る権利」を保証する基盤も掘り崩されてしまうからである。その意味で、本書の後半部分を今日高く評価するジャーナリストは少ないはずだ。それでも、ステレオタイプを批判することができる専門家に向けたリップマンの言葉は、メディア論、あるいはメディア・リテラシーを学ぶ者には有益である。

「どんな分野であれわれわれが専門家になるということは、われわれが発見する要素の数をふやすことであり、それに加えて、あらかじめ期待していたものを無視する習慣をつけることである。」

「あらかじめ期待していたもの」とは常識であり、定説という名のステレオタイプに他ならない。私が『輿論と世論――日本的民意の系譜学』（二〇〇八）で行った作業も、「世論と書いてヨロンと読む」常識を疑う実践だった。本書の翻訳は原著刊行の一年後、関東大震災直後の一九二三年一〇月に早稲田大学教授・浮田和民の推薦で大日本文明協会事務所から刊行されている（中島行一・山崎勉治訳『輿論』）。なぜ、戦前訳の「輿論」が戦後訳で「世論」に変わったのか。

本書は古典にもかかわらず、というより古典ゆえに、その「輿論／世論」概念が正確に読み取られていないのではないか。そもそも本書でリップマンは「世論」について個人の認知心理学的ミクロ・レベルと集合的な社会学的マクロ・レベルに区別しており、前者を小文字複数形 public opinions、後者を大文字単数形 Public Opinion と使い分けていた。

「このような人びとの脳裏にあるもろもろのイメージ、つまり、頭の中に思い描く自分自身、他人、自分自身の要求、目的、関係のイメージが彼らの世論というわけである。人の集団によって、あるいは集団の名の下に活動する個人が頭の中に描くイメージを大文字の「世論」とする。」

戦前の用語法では、大文字の方は「輿論」と書くのが一般的だった。喜多壮一郎「輿論とヂヤーナリズム」（『綜合ヂヤーナリズム講座』第二巻、一九三〇）によれば、世論とは「社会的認識の対象とならんとしつゝ、あるもいまだ読者の共同関心の域にまで到達しない心理状態」であり、輿論とは「公衆的意識として個人がある媒介的手段を透して自己の採る判断と他の個人が抱持する判断との類似を暗示的作用によつて共通に意識する」ものである。こうした輿論と世論の境界線は大衆社会化の進行とともに曖昧になり、一九四六年の当用漢字表で「輿」が制限漢字となると、輿論と世論を訳し分ける習慣も消えてしまった。もちろん、戦後も本物の専門家なら両者を混同したりはしない。たとえば、中野好之はエドマンド・バーク『アメリカ論・ブリストル演説』（一九七三）で、立法上の全権能を動かす general opinion を「輿論」、戦争に向けて挑発される public vengeance を「世論の憤激」と訳し分けている。この使い分けに関しては、リップマンと同様にエリート主義的だとの批判を私も甘んじて受けたい。

Walter Lippmann, *Public opinion*, Harcourt, Brace and Co., 1922.

（邦訳：掛川トミ子訳、岩波文庫・一九八七）

22　ユルゲン・ハーバーマス『公共性の構造転換』（原著刊行年　一九六二）
――ブルジョア的輿論の理念史

ハーバーマス（一九二六―）社会哲学者。アドルノの助手などを経て、フランクフルト大学教授。東西ドイツ統一に際し「憲法愛国主義」を唱えた。

†ブルジョア的公共性と理性的な輿論

歴史家エルンスト・ノルテの論説「過ぎ去ろうとしない過去」にハーバーマスが嚙みついて始まった「歴史家論争」（一九八六～八八）は私の大学院時代の出来事である。当時、いや今も、私は歴史研究者としてノルテの側に立っている。ハーバーマスが主張するように「アウシュヴィッツ」が他の歴史的な大量虐殺と比較不可能なものであるならば、「比較史」という方法自体が禁じ手になる。それでは日本人が西洋史を研究する意味の大半も失われるのではないか。ハーバーマスの硬直した規範的思考に違和感を覚えた。

本書の「ブルジョア的公共性から大衆的公共性への構造転換」に対して、私の博士論文

『大衆宣伝の神話』（一九九二）は「労働者的公共性から国民的公共性への構造転換」を論じた。また『ファシスト的公共性』（二〇一八）ではハーバーマスが記述を回避した二〇世紀前半の総力戦体制期に焦点を当てた。ハーバーマスを仮想敵とした研究人生だったようにも見える。

しかし、ハーバーマスの著作で私が評価するのは本書だけである。輿論／世論を生みだす社会関係（空間）である公共性（圏）についての「比較史」だからである。西欧の公共性の成立史について、ハーバーマスはおおむね次のように書いている。

近代以前の政治秩序は代表的具現の公共性によって基礎づけられていた。臣民の前に臨御する君主の身体は、栄光・尊貴・威厳など不可視の存在を具現化する機能をもっていた。この機能において王権神授説の君主制はキリスト教会と結合しており、不可視の神を幻視させる荘厳なミサ儀礼は君主の正統性を裏付けた。また、君主の威光を顕示する政治都市の中心にバロック時代の宮廷社交界が存在した。このアンシャン・レジーム（旧体制）では君主の身体を第一身分の聖職者、第二身分の貴族が取り巻いており、ブルジョア階級はその行列や祝祭を遠くで観覧する第三身分であった。

一七世紀になると都市の中心は教会と宮廷から取引所と新聞社に移動した。商品と情報の流通を恒常化させる取引所と新聞社が市場経済の基盤だからである。この近代都市において「財産と教養」をもつブルジョアは公権力に対して自らの意志、すなわち輿論を表明するようになった。まずロンドンにおいて一七世紀後半以降、資本主義システムに基礎づけられた「市民的公共性（ビュルガーリッヘ）」が成立した。この公共性（圏）は国家と社会の分離を前提として両者を媒介する社会関係（空間）であり、公衆の自覚をもったブルジョア階級は公開の討論によって政治的輿論を形成し国家権力を制御しようとした。この公共性は世俗化され教会は公的領域から私的領域へ後退した。ここにおいて輿論は議会制民主主義の組織原理と考えられた。

邦訳（一九七三）以来、「市民的公共性」の訳語が定着しているが、誤解を招く表記である。ドイツ語 Bürger はブルジョア（階級）のことであって、ハーバーマスが新版序言で新たに提出した「市民社会（ツィヴィールゲゼルシャフト）」の民間人（公民）Zivil とは異なる概念である。市場経済を下部構造とする「ブルジョア社会」と区別するために、非経済的、非階級的な新しい「市民社会」概念が必要だったのである。当然、本書では「市民的公共性」より「ブルジョア的公共性」がふさわしい。「公共性」より「公共圏」が望ましいという議論はあっても、「ブルジョア的公共性」とするべきという主張はあまり注目されていない。もちろん、公共性が英語で公共空間（パブリック・スフィア）と訳されているように、それが国家と社会の分離を前提として両者を媒介する社会空間であることはまちがいない。ただし、そこでの公論形成において開かれた人間関係が前提とされる限り、関係性を重視して「公共性」と訳す理由も十分にあるだろう。

欠落した総力戦体制期

こうした公論形成の理念史には、ガブリエル・タルド『世論と群衆』（原著一九〇一、一九六四）などの先駆的著作がある。新聞を読む行為が非組織的な集合体としての公衆を生み出すと考えるタルドの延長上に、ブルジョア公共性（ハーバーマス）も想像の共同体（アンダーソン）も成立している。しかし、本書の独創性は公論の成立史にあるのではない。まして、後半の「合意の工学」（リップマン）批判はアメリカの大衆社会論の要約というべきものだろう。

成立史にも没落史にもオリジナリティがないとすれば、何が本書の独創性なのか。それは文化を論議する公衆から文化を消費する大衆への変身、一九世紀型市民社会から二〇世紀型福祉国家への変貌、つまり理性的討議という啓蒙の理想がマス・メディアによる広報の現実に暗転するダイナミックな構造転換である。まさしく「公共性の構造転換」と題されるゆえんである。公共性の担い手が「公衆」から「大衆」に変わる、これほど大きな構造転換があっても、そこから生まれる「公論」は同じ呼び名でよいのか。のちに私が『輿論と世論』(二〇〇八)を書く問題意識の原点も、さかのぼれば本書になるのだろう。

ただし、本書のダイナミックな構造転換は巨大なブラックボックスを抱え込んでいる。一九世紀前半までを扱う第四章「市民的公共性　イデーとイデオロギー」に登場する思想家は、ミル、トックヴィル、マルクスまでである。しかし、続く第五章「公共性の社会的構造変化」以後で主に扱われるのは戦後西ドイツのテレビ社会であり、引用されるのはリースマン、ミルズなどの大衆社会論なのだ。

つまり、ハーバーマスは一七世紀末の啓蒙期に登場するブルジョア的公共性が一九世紀後半に解体期に入るプロセスまでは詳述するものの、第一次世界大戦からナチズム、スターリニズム、ニューディールの一九三〇年代を丸ごと黙殺して、一九五〇年代西ドイツにおける福祉国家モデルの大衆的公共性へと議論を進めている。

それはハーバーマス自身がヒトラーユーゲントであったナチ時代の体験とも無関係ではないのだろう。いずれにせよ、この議論の欠落部分、すなわち総力戦体制期に現代の大衆的公共性が確立したことは明らかである。そもそも、福祉国家モデルとは、第一次世界大戦が提起した総力戦システムの直接的産物なのである。ハーバーマスの自由主義モデル「ブルジョア的公共性」とは異なる「ファシスト的公共性」という非自由主義モデルを私が論じた理由はここにある。ハーバーマスのモデルと対比して図式化すれば、上図のよう

宮廷公共性 ──→ ブルジョア的公共性 ──→ 国民的公共性

（文芸的公共性）　（マス・コミュニケーション）

代表具現的公共性 ──→ 批判的公共性──→ 操作的公共性

街頭公共性 ──→ 労働者的公共性 ──→ ファシスト的公共性

な展開となる。

ハーバーマスがブルジョア的公共性の成立を宮廷公共性・代表具現的公共性から論じたように、ファシスト的公共性の考察もそれに先行する街頭公共性、労働者的公共性から始めるべきであろう。ブルジョア階級の前衛が貴族のサロンで文芸的公共性を習得したのとパラレルな意味で、ファシストは労働運動から街頭公共性のノウハウを剽窃した。ブルジョア的公共性におけるコーヒーハウスやサロンの機能的等価空間として、ファシスト的公共性の街頭はあった。もちろん、サロンにおける「財産と教養」による閉鎖性と街頭における無条件の公開性は対照的である。教養とは形をかえて迂回贈与される財産であり、「財産と教養」は二語一想である。ブルジョア階級が政治的公共圏の独占的支配を正統化するために、市民的教養は利用された。もちろん、ハーバーマスも「財産と教養」を入場条件とするブルジョア的公共性の限界は自覚していた。

「一定の集団をもともと排除した公共圏は、不完全な公共圏であるだけでなく、そもそも公共圏ではないのである。だからこそ、市民的法治国家の主体として通用しうる公衆は、自分たちの圏をこの厳密な意味での公共圏として理解し、彼らの反省的検討のなかで原理的には万人の帰属性を先取りしている。」

この「原理的には」という言葉は意味深長である。政治的公共圏における近代合理的コミュニケーションを担う公衆とは読書する公衆(レーゼプーブリクム)であり、現実的には住民の大半が一九世紀のブルジョア的公共圏から排除されていた。

†文筆以後の公共性へ

ハーバーマスも「平民(プレベージッシェ)的公共性」がロベスピエール、チャーティズム、労働運動という歴史上の脈略で存在したことに一応は言及している。しかし、これを「非主流的」な公共性として考察の対象から外し、こうした「非文筆(イリテラーテ)の公共性」も市民的公共性の志向を基準にしていた、と断定する。さらに、この「非文筆の公共性」を、ナチズムやスターリニズムにおける独裁下の統制された「脱文筆(ポストリテラーリッシェ)の公共性」とも区別し、「この二つの変形が歴史的発展段階のそれぞれ別な段階に現れ、したがってその引き受けた政治的機能もことなっている」と主張する。しかし、非文筆的な公共性から脱文筆的な公共性への連続的な展開は、モッセ『大衆の国民化』(↓5)が生き生きと描きだしたように確かに存在していた。

ハーバーマスはベルリンの壁崩壊後に書いた新版序言（一九九〇）において、今日の公共性論の中心的な問題設定を「市民社会(ツィヴィールゲゼルシャフト)の再発見」と述べている。その「自由な意志にもとづく非国家的・非経済的な結合関係」の具体例として、教会、文化団体、アカデミー、スポーツ団体、リクリエーション団体などを挙げている。だが、こうした公論形成に影響をもつ結合関係こそが「大衆の国民化」の、つまりファシスト的公共性の主要な担い手であったことも、モッセは明らかにしている。

私が本書を博士論文で乗り越えるべき対象と決めたきっかけも、一九八九年一一月九日のベルリンの壁崩壊を頂点とする東欧革命の進展だった。日本でもこの「市民革命」に触発されて市民社会論と公共性論のルネサンスともいえる状況が生まれていた。ハーバーマスも新版序言でこう記述している。

「東ドイツ、チェコスロヴァキア、ルーマニアでの大変革は、たんにテレビによって中継された歴史的事件であるだけでなく、変革それ自身がテレビによる中継・移送（Übertragung）という様式でおこなわれた連鎖の過程だった。マスメディアが決定的であったのは、たんに全世界への拡散という感染効果にかんしてだけではない。広場や街頭でデモに参加している生身の大衆の存在は、一九世紀や二〇世紀前半とはちがって、それがテレビをつうじていたるところに現前するようになって、はじめて革命的権力を発展させることがで

きたのである。」（強調は原文）

ハーバーマスは新しいメディア環境に規定された「広場や街頭でデモに参加している生身の大衆の存在」に期待を寄せている。当時の日本でもこの街頭現象に市民運動のユートピアを重ね、「市民的公共性」の理念型を礼讃する言説があふれた。しかし、テレビの大衆的公共性は、そもそもハーバーマスが本書で厳しく批判した「再封建化された公共性」ではなかったか。たとえば、次のような批判である。

「市民社会は、広報活動によって造形されるようになるにつれて、ふたたび封建主義的な相貌を帯びてくる。商品提供の主体は、信徒的な顧客層の面前で、代表的具現の豪華さをくりひろげる。新しい「公共性」は、かつて具現的公共性が賦与していた人身的威光や超自然的権威の風格を模倣するわけである。」

こうしたテレビ的公共性批判からの「転向」を責めるつもりはない。ただ、メディア論への応答を欠いていることが問題なのである。ドイツでもハーバーマスのブルジョア的公共性や討議的コミュニケーションへの厳しい批判を含んだメディア論が数多く出版されていた。キットラー（↓27）やフルッサー（↓28）などはその代表である。これには一切言及せず、ハーバーマスが新版序言で唯一「独創的な研究」として引用しているのはジョシュア・メイロウィッツ『場所感の喪失』（↓24）なのである。メイロウィッツの「結論」

のうち、次の箇所が特に魅力的だったようだ。

「狩猟採取社会と電子社会はいずれもが境界を欠いているために、このふたつの社会には多くの著しい類似点が見られるようになる。われわれが知っている現代までのあらゆる社会類型のなかで、狩猟採取社会は、男性と女性、子どもとおとな、指導者とそれに従う者という役割の点で、もっとも平等主義的になる傾向があった。」

東欧革命はこの「平等主義的になる傾向」を確証したというのである。この楽観的な判断が正しかったかどうかも、いまは問わない。それよりも私が驚いたのは、メイロウィッツをあえて引用していたことである。ハーバーマスの「公共圏」論とはまさに場所感に依拠する議論である。「場所感の喪失」論がその公共圏論に与えるダメージは決定的なはずである。だからこそ、ハーバーマスは最後にこう書きつけて反論している。

「西側の社会の規範性をめぐって、J・メイロヴィッツが唱えた〈マスメディアは社会を限定する境界を解体する〉というテーゼは、明らかに短絡的である。これにたいする異議ははっきりしている。」

しかし、私は当該箇所を何度読んでも、「はっきりしている」とは思えない。ハーバーマスは「マスメディアは他の次元でも逆向きの効果をもたらす」という希望を述べているにすぎないのではないか。とはいえ、文意が取れなかったことに私は失望しない。その違和感こそ、新たな思考へと導いてくれる可能性なのかもしれないのだから。そのように思えることも名著の条件と言えるだろう。

Jürgen Habermas, *Strukturwandel der Öffentlichkeit. Untersuchungen zu einer Kategorie der bürgerlichen Gesellschaft*, Neuafge, Suhrkamp, Frankfurt am Main, 1990.

（邦訳：細谷貞雄・山田正行訳、未來社・一九九四）

23　エルザベート・ノエル=ノイマン『沈黙の螺旋理論』（原著刊行年　一九八四）
――世論形成過程の社会心理学

ノエル=ノイマン（一九一六―二〇一〇）ドイツの世論研究者。アレンスバッハ世論調査所を設立、マインツ大学教授、国際世論調査学会会長など歴任。

†二つの「世論」――公的意見と公共的意見

「一番好きな自著は？」と問われたら、『輿論と世論』（二〇〇八）と答える。最も読まれた本でも、何かを受賞した本でもないが、私らしい本である。そこでは輿論（公的意見）と世論（世間の空気）を区別した上で、現代化を「輿論の世論化」として論じた。その際、ハーバーマス『公共性の構造転換』（↓22）から輿論の規範を学んだとすれば、本書で学んだのは世論の実体である。

一九八九年、東大新聞研究所の児島和人ゼミに平林紀子さん（現・埼玉大学教授）が出席していた。彼女から名刺代わりに論文「「沈黙の螺旋状過程」仮説の理論的検討――世論過程とマス・メディア効果の連繋のために」(一九八七)の抜刷をもらった。それまで私はノエル＝ノイマンの名前も本書の存在も知らなかった。さっそく取り寄せて読み始めて、その面白さに引き込まれた。

「沈黙の螺旋」とは、人々がメディア報道や周囲の観察を通じて得た世論のイメージが、人々の意見や行動、現実の世論の将来に影響を与えるという仮説である。社会的孤立を恐れる人間は、「意見の風土」を読んで自らの発言を調整する。「意見の風土」は日本語の「空気」に置き換えるとわかりやすい。私たちは自ら直接体験した「意見の風土」ではなく、新聞やテレビで接する世間の空気にも影響されている。つまり、メディア社会には「二重の意見風土」が存在している。その中で自分の意見が多数意見と思えば公然と発言するが、少数意見と思えば口をつぐむ。そのため世論調査報道などで多数意見と認定された意見だけが顕在化することになり、人々の意見は圧倒的な「公共的意見」に向けて螺旋を下るように収束されていくことになる。

この仮説が正しいとすれば、メディアは意図的に現実とは異なる「意見の風土」も提示できるし、「沈黙の螺旋」を思い通りに生み出せるのではないか。こう主張する本書は、一九七〇年代に登場した新しい強力効果論として注目されてきた。メディアが世論形成に大きな影響を与えるとすれば、それまでの限定効果論(↓4)の枠組みでは説明できないからである。

本書の魅力は、世論調査に基づく社会心理学的な実証研究と世論概念を再構成する歴史的な文献研究が見事に融合していることである。モンテーニュ、ロック、ルソーからリップマン、ルーマンまでの世論概念の変遷を世界史上の世論現象に照らしつつ考察する叙述は一つのメディア思想史である。ノエル＝ノイマンは世論を以下のように定義する。

「世論とは、論争的な争点に関して自分自身が孤立することなく公然と表明**できる**意見である。（……）世論という意見や行動は、孤立したくなければ口に出して表明したり、行動として採用したり**しなければならない**。」（強調は原文）

拙著『輿論と世論』でもこの定義を引用しているが、前段と後段の重要な違いを特に意識せず引用してきた。それに気づいたのは、改訂版（原著第二版）で追加された第二七章「世論の潜在機能・顕在機能」を読んだ時である。ノエル＝ノイマンは世論概念の混乱は異なる二つの機能が十分に理解されていないためだという。顕在機能では民主主義社会における意思形成メカニズムである「理性としての世論」が想定される。一方、潜在機能として想定されるのは、集団生活を営む上で不可欠な統合メカニズムである「社会統制としての世論」である。本書の学問的意義とは、この「社会統制としての世論」の機能を実証的に示したことである。

だとすると、「輿論／世論」の弁別を求める私の主張にも本書は大きな影響を与えていたはずだ。改めて池田謙一「訳者解題」を読み直すと、初版にもあった重要な訳注を読み落としていたことに気づいた。池田は右に引用した定義の前段を「公的意見」としての世論、後段を「公共的意見」としての世論と解説していた。public の訳語として公的／公共的を使い分けており、前者は「公の場で目にする」の意味にすぎないが、後者は「社会的に共有された」という規範的意味を含む。「訳者なりの解釈」として池田が示す註記の文章を引いておこう。

「現代では「世論」として通常観念されているのは（たとえばハバーマス）、前者、すなわち「公共的意見」であるが、ノエル＝ノイマン女史が本書を通じて強調しようとしているのは「公的意見」としての「世論」が、それが「公的」であることによって、それ独得の社会心理的なプロセスをたどり、いつのまにか「公共性」を獲得していくように人々が認知する、あるいは「公共的な意見」に転化していくように人々が認知することである。」

つまり、「公的意見」が「公共的意見」に転化していくプロセスが「沈黙の螺旋過程」なのだが、問題なのはそこで獲得される「公共性」をどう呼ぶべきかである。それをハーバーマスの「市民的公共性」と同じものだと考える人はいないだろう。

†「孤立への恐怖」から生まれる世論

第一章「沈黙の仮説」では、西ドイツの連邦議会選挙で繰り返された「土壇場の雪崩現象」の分析から始めている。CDU(キリスト教民主同盟)がSPD(社会民主党)に大勝した一九六五年総選挙と、その逆転が生じた一九七二年総選挙を世論調査データから分析している。有権者に自らの投票意図をたずねた事前調査の数値ではSPD支持者とCDU支持者は均衡していた。しかし、どちらが勝つかを推測する予想の数値では大きな差が存在した。選挙結果からは、有権者が自らの意見よりも世間の空気を読んで投票したことが分かった。

そもそも、なぜ「意図」と「予想」に大きな落差が生じたのか。それは政治的信念を進んで表明し、自らの支持政党を目立たせようとする積極性において違いがあったためだ。ノエル＝ノイマンは大学キャンパスで政党の応援バッチを付ける学生の動きに注目している。多くのSPD応援バッチを目にすると、その支持者が多数派である印象が生まれる。この状況で人々は少数派CDUのバッチを付けなくなる。自らの孤立を回避するためだ。そうした「孤立恐怖」のため、ますます少数意見は口にされなくなる。

「雄弁は沈黙を生み、沈黙は雄弁を生むという螺旋状の自己増殖プロセスの中で、ついには一方の意見だけが公的場面で支配的となり、他方の支持者は沈黙して公の場からは見えなくなってしまうのである。」

この現象を確認する実験として、第二章ではノエル－ノイマンが開発した「列車テスト」が紹介されている。質問者は回答者に「長距離列車の個室で同乗した他者との会話という公的状況」を想定させた上で、意見の対立がある話題で会話に加わるか沈黙するかを調査している。その結果、女性より男性、年長者より若者、低学歴より高学歴が発言する可能性が有意に高かった。応援バッチを付ける者も、後者（男性・若者・高学歴）で構成された「ハードコア」において有意に多かった。

第三章「孤立への恐怖という動機」では、この沈黙のメカニズムとしてソロモン・アッシュの同調圧力実験（一九五二）が紹介されている。真の被験者一人をのぞく全員が「さくら」の状態で簡単な認知テストを繰り返す実験である。「さくら」全員の誤答に引きずられず、自分の感覚に最後まで固執した被験者は一〇人中二人に過ぎなかった。「このことは、自分の真の利害には関連せず、またその結果がほとんど無害な課題であっても、それが明らかに誤りだと分かっていながら多くの人が多数派意見に加わることを示している。トックビルのいったように「過ちよりも孤立を恐れ、多数派と同じ意見だと公言した」という現象がまさに起きているのである。」

以上の実証実験を踏まえて、第四章以下では「世論」概念の総点検が行われている。

†ファシスト的公共性のメディア論

私が本書に感銘を受けたのは、ちょうど博士論文『大衆宣伝の神話』(一九九二)の最終章「「鉤十字」を貫く「三本矢」」を執筆していたからである。ナチ党の「鉤十字」に対して「三本矢」を掲げた街頭のシンボル闘争を主張したSPDの宣伝理論家チャコティン(→1参照)を評価する際、本書を踏まえて私はこう書いている。

「たとえバンド・ワゴン効果の大衆動員であったとしても、「シンボル闘争」はナチ党のテロによる「沈黙の螺旋」を打ち破り共和国支持の世論を形成する手段として必要であった、と論じることも可能なはずである。E・ノエル＝ノイマンは世論形成過程のモデルとして「沈黙の螺旋」仮説を次のように説明している。勝利の信念、つまり「神話」をもって語られた雄弁は異なる見解を持つ者の沈黙を生み、その沈黙はさらにその雄弁に拍車をかけるという螺旋状の自己増殖プロセスの中で、ついには特定の見解だけが公共圏を支配する。それ以外の見解を支持する者が沈黙したまま公共圏から消失すると、集団から相対的に孤立した人々や政治的無関心層は自分が社会的に孤立することへの恐怖から、群れとなり勝ち馬を追う「雪崩現象」を生み出す。実際、西ドイツの代表的な政治史家ブラッハーは名著『ワイマール共和国の崩壊』において、「民主主義を防衛するための毅然とした意思を、さしあたりは優勢であった暴力行為に抗してでも表明し、それを持続的に示威すること」が重要であった、と民主主義勢力の消極性を批判している。」

この拙文を書いた段階で、ノエル＝ノイマンの第三帝国期の経歴について私は何も知らなかった。それでも、「沈黙の螺旋理論」がナチ世論の形成プロセス、つまりファシスト的公共性の体験と不可分であろうことは予感できた。

奇妙なことに、原著でも訳書でも著者の経歴についてほとんど言及がない。また、古代ギリシャからフランス革命、西ドイツの戦後政治までさまざまな時代と地域の世論現象を取り上げているのだが、ナチズムの事例が欠落している。しかし、多くの読者は「沈黙の螺旋」で第三帝国の挨拶「ハイル・ヒトラー」とその国民投票を連想したのではないだろうか。摩擦のない日常生活を過ごしたい者は、挨拶の際に形だけでも「ハイル・ヒトラー」と応じただろう。実際、ニュース映画が大集会やパレードの街頭でヒトラーにさし伸ばされた右腕の大波を映し出し、指導者(フューラー)とドイツ国民の強い結束を内外に印象づけていた。孤立したくなければ、右腕の大波に棹さすしかないという同調圧力が作動したはずだ。そのため、この「意見の風土」で行われた国民投票で反対票を投じたものは極めて少なかった。

このように、本来もっとも相応しい考察対象であるナチ党への大衆的支持や反ユダヤ主義世論への言及がないのはなぜだろうか。もっとも同書でナチズム関連の言及は二カ所だけ存在する。一つ目は、群集心理を扱った第一二章「バスティーユの襲撃」で、群衆の本能的行動が動員される様子を宣伝相ゲッベルスの総力戦演説になぞらえている箇所である。二つ目は、第一五章「法と世論」で一九八〇年代西ドイツの人工妊娠中絶論争を扱った際、カトリック教会の枢機卿が人工中絶を「アウシュヴィッツ強制収容所の大量殺人にも匹敵する」と語った新聞記事の引用である。だが、本書の人名索引にソクラテスやゲーテはあってもゲッベルスはなく、もちろん事項索引にアウシュヴィッツもない。ナチ時代の「回避」こそがこの理論の出自を雄弁に語っている。本書が黙して語らないノエル＝ノイマン自身の経歴についてここで簡単に紹介しておきたい。

エリザベート・ノエレ（ドイツ語発音表記）は第三帝国時代のベルリン大学でエーミール・ドーヴィファトに新聞学を学び、一九三七年に交換留学生としてアメリカのミズーリ大学で世論調査を研究した。翌年帰国すると、博士論文『政治と新聞に関するアメリカの大衆調査』（一九四〇）を執筆し、のちに夫となるナチ党員エーリヒ・ペーター・ノイマンとともに『帝国（ダス・ライヒ）』の記者として活躍した。

戦後は夫ノイマンとともに一九四七年にアレンスバッハ世論研究所を設立した。やがて同研究所はドイツ最大の世論調査機関に発展し、後に首相となるヘルムート・コールの斡旋により彼女は一九六四年にマインツ大学教授に就任した。夫はコールと同じCDUの有力政治家として連邦議会議員をつとめたが、一九七三年に没している。一九七八年に国際世論調査協会会長に就任し、翌年にドイツ学術振興会会長の物理学者と再婚するが、旧夫ノイマンとの結合姓を終生名乗った。彼女のメディア強力効果理論に対しては、少数者が発する声の影響力を過小評価しているという批判もあるが、彼女自身が戦前―戦後を通じて統治者の側に身を置いて世論を分析していたことは明らかだろう。

一九九〇年代にアメリカのユダヤ人ジャーナリストが彼女の「褐色の経歴」を批判し始めた。彼女が開発した「列車テスト」もナチ時代に親衛隊保安情報部が列車内で実施していた民情調査方法との類似性が指摘されている。しかし、「ドイツ学術界の女帝」に対する批判がドイツの学界で論争となったのは二一世紀に入ってからのことである。この「ノエル＝ノイマン論争」の詳細については、拙著『ファシスト的公共性――総力戦体制のメディア学』の第三章「世論調査とPR――民主的学知の〝ナチ遺産〟」を参照されたい。

むろん、ナチズムを支持した過去の経歴によって、この名著が否定されるものではない。そうした過去があったからこそ、ファシズムの世論形成モデルが提示できたとも言えるのである。

Elisabeth Noelle-Neumann, *The Spiral of Silence : Public Opinion, Our Social Skin.* University of Chicago Press, 1984, 2.ed 1993, Te.
（邦訳：池田謙一・安野智子訳、ブレーン出版・一九八八　改訂版一九九七）

24　ジョシュア・メイロウィッツ『場所感の喪失』（原著刊行年　一九八五）
——電子メディアの社会的衝撃力

メイロウィッツ（一九四九—）メディア学者。ニューハンプシャー大学コミュニケーション学部教授。本書はニューヨーク大学提出の博士論文の増補版。

†マクルーハンのメディア論　＋　ゴフマンの行為論

もしも本書に出会わなければ、玉音放送の八・一五終戦記念日と降伏文書の九・二降伏記念日を対置する『八月十五日の神話』（二〇〇五）も、活字的教養とテレビ的教養を対比する『テレビ的教養』（二〇〇八）も、活字的コミュニケーションの輿論と電子的コントロールの世論の融合をあとづけた『輿論と世論』（二〇〇八）も、私は書かなかったかもしれない。

一九八九年、東大新聞研の竹内郁郎ゼミで原著を輪読した。歴史学の思考法に馴染んでいたためだろう、私はイニス（↓6）やマクルーハン（↓29）の「メディア論」をうさん臭いと警戒していた。時間と空間のバイアスにせよ、人間の感覚変容にせよ、そこには詩的レトリックが駆使されているが、人間行動と社会環境の変化を論理的に説明する枠組みは欠いている、とても学術論文では使えない、と感じていた。メイロウィッツ自身、「イニスとマクルーハンの分析がもっともアピールするのは、彼らの基本的議論をすでに信じている人に対してなのである」と書いている。

メイロウィッツは、この感覚的なメディア論に「信者」以外でもわかる理論的枠組みを与えた。まず第一部「変化のメカニズムとしてのメディア」で、人間の社会行動を演劇のメタファーで論じるアーヴィン・ゴフマンの対面的相互行為論をメディア論と接合すべく、「情報システム」という概念が提示されている。ゴフマンによれば、個人の行動は他者（観客）を前にした役割の演技であり、自らの役割を適切に遂行することで私たちは円滑な社会生活をすごしている。状況（舞台）と相手（観客）が変化すれば、その行為（演技）も当然変化する。子供の前では大人らしく、学生の前では教師らしく、ジャーナリストの取材には知識人らしく、……と役割に応じて私も「演技」している。行為（演技）する社会的な状況（舞台）には、当然ながら表領域と裏領域が存在する。教室（表舞台）にいるときは快活にふるまうが、自分の研究室（舞台裏）では疲労も隠さない。このように多くの場合、行為は物理的な場所によって規定されているが、より現実的には、行為を規定するのは認知的な場所である。教室（表舞台）であっても、そこに誰もいなくなれば自宅（舞台裏）と同じようにくつろげる場所になるかもしれない。

本書が「場所」ではなく「場所感」を問題とする理由は、舞台も舞台裏も物理的であるよりも認知的に経験されるためである。電子メディアが登場する以前なら、特定の情報アクセスのためには特定の場所におもむく必要があった。たとえば、神の言葉を聞きたい信者は教会へ、ニュースを求める市民はコーヒーハウスへ、読み書き能力をまなぶ子供は学校へ通った。活字メディアはこうした情報と場所の結合を維持したまま、情報システムと社会集団を年齢別、性別、人種別、学歴別、階級別……に分節化していった。

「読み書き能力と印刷物の普及は結果として人々をそれぞれの異なる読解技能レベルや、異なる「印刷物」に対する訓練と関心のレベルに応じて、非常に異なる情報世界に分割していたのだった。これらの区別はまた、異なる人々を異なる場所に分離することによって支えられていた。こうした分離は、所与の位置取り（ロケーション）で利用できる特殊で限られた経験に応じて、異なる社会的アイデンティティを生み出していたのだった。そして電子メディアは、多くの異なるタイプの人々を同じ「場所」に連れ込むことによって、以前は別個だった多くの社会的役割の違いをますますぼやけたものにしていった。」

たとえば、コーヒーハウスで新聞が読めたのは、ブルジョア階級の／成人の／男性だった。こうした分節化は印刷メディアの場合、雑誌が典型的である。男性誌／女性誌、少年誌／青年誌／成人誌、高級誌／大衆誌の区別があり、それぞれ性役割分業、段階的社会化、階級社会を反映している。電子メディアは印刷メディアも依拠してきた場所感を消し去ることで、人々の行動を均質化し、社会を統合したのである。

†印刷社会から電子社会へ

本書の魅力は、静態的な対面的相互行為論に動態的なメディア論を組み込んだ体系性にある。どのレベルの情報にアクセスできるか、それに応じて社会的地位は決定されている。社会的地位は個人の役割行動と不可分である。情報の流れを変えるニューメディアは、こうした社会的地位と役割行動に影響を及ぼす。この役割行動を規定する「秘密の共有」（集団アイデンティティ）、「役割の移行」（社会化）、「権威の神秘化」（ヒエラルヒー）の順に、その位置取りに電子メディアが及ぼした影響が論じられている。どんな秘密であれ、子供にまで、自由に覗けるよう公開する、そうした社会状況がテレビによって実現したのである。

第二部「印刷状況から電子状況へ」では、電子メディアの特性を印刷メディアとの比較において考察している。電子メディアには電信・電話・ラジオ・テレビ・インターネットが含まれる。電話は肉声を身体から切り離して移送する最初の装置であり、「対面しない直接コミュニケーション」を可能にした。こうした場所感のないコミュニケーションは、情報アクセスのヒエラルヒーが社会的地位と対応する身分社会の原理とは相容れない。すべての情報空間を権力中枢から等距離にしてしまう電話は、玉座からの距離で階層化された身分秩序（ヒエラルヒー）を破壊した。電話で始まった距離の民主化をラジオは社会全体に拡大した。ラジオは物理的場所と社会的状況の伝統的結合を揺るがし、帰属集団の境界を曖昧にしたからである。自宅に居ながらにしてだれでも必要な情報にアクセスできるラジオは、それまでの市民とコーヒーハウス、青少年と学校、労働者と職場組合といった、情報アクセス回路と物理的場所の関係を解体した。輿論／世論を生み出す公共性を空間として理解するならば、電子メディアは公共圏そのものの成立基盤を根こそぎ取り除くものである。ハーバーマスが『公共性の構造転換』（↓22）の新版序言で本書を批判したのはこのためである。

ドイツ語版タイトルが『テレビ社会（フェルンゼーゲゼルシャフト）』であるように、電子メディアで中心的に論じられるのはテレビである。その特徴は印刷メディアとの対比で上のように整理できる（表1）。それぞれ書物とテレビを思い浮かべると分かりやすい。情報システムの分散型／統合型については、既にふれた。メッセージでは「内容の伝達」と「関係の表出」にそれぞ

表 1

印刷メディア	⇔	電子メディア
分離型情報システム	システム	統合型情報システム
内容のコミュニケーション	メッセージ	関係性のエクスプレッション
抽象的情報（文字）の事実説明	情報と機能	具象的情報（身体表現）の印象操作
論弁型（言語）の段階的習熟	シンボル理解	現示型（映像）の即時的把握
公的領域（舞台上）意識的制御	空間と行為	私的領域（舞台裏）無意識的表出

れ比重が置かれている。もちろん、電子メディアも文字情報を扱うので内容を伝達しないわけではないが、映像によって関係性の表出——たとえば微笑や握手による親密さの表現——が機能に加わった。

その機能は「抽象的情報（文字記号）による事実（ファクト）の説明」に対して「具体的情報（身体表現）による印象（インプレッション）の操作」と呼べる。私たちが日常重視するのは事実より印象である。

「関係に関するもっとも重要な決断はコミュニケーションよりも表出を頼りになされる。新しいエグゼクティヴを面接することなしに雇う会社はほとんどないだろうし、結婚する相手を履歴書や手紙のサンプルだけで選ぶ人もまれだろう。コミュニケーションは重要な「事実」を提供するかもしれないが、表出的情報は基本的な「印象」を形づくるのに用いられるのである。」

また、書物は読み書き能力を段階的に習得せねばならない論弁型シンボル（言語）から成るが、テレビは二歳の幼児でも即時的把握が可能な現示型シンボル（映像）で構成されている。書物が大人と子供を分離し、学年ごとに子供を細分化するのに対して、テレビはすべての人々を共通の情報システムに押し込める。テレビには印刷メディアにあった男女別、階級別、年齢別などの区分は原則存在しない。テレビは読書人の狭い公共圏を超えて、広汎な大衆的な情報システムを構築した。ウォーターゲイト事件が政治的「現実」になったのは、『ワシントン・ポスト』紙に記事が掲載されたときではなく、テレビ・ニュースが「『ワシントン・ポスト』によると」と報じたときからなのである。

重要なことは、公式な場所で発表される言語情報は発話者によって意識的な制御が可能であることだ。書物は人々の読解能力の程度に応じて、異なるメッセージを異なる読者に振分けることができる。そのため、書物では誰に何を知らせるかは「自動的に」コントロールされている。書物にはこうした検閲機能が内蔵化されているが、テレビにはない。テレビが映し出す表情には私的な心情もにじみ出るため送り手側のコントロールはむずかしい。

「言語的に嘘をつくほうが、非言語的に「嘘」をつくよりもずっと簡単である。倫理にもとる人なら「愛している」という虚偽の一言を言ったり書いたりできるかもしれない。しかし、同じ気持を非言語的に――特に長時間にわたって――表出することは、それが真実でないかぎりはかなり難しい。」（強調は原文）

だとすれば、政治家の評価で公的領域（舞台上）のメッセージ内容よりも私的領域（舞台裏）で表出されるイメージが重視されるのは当然である。電子メディアが政治の表舞台と舞台裏の境界をなくしたため、政治家は舞台袖の中間領域で困難な印象操作を行わなければならなくなった。新聞なら記者へのオフレコ発言はありえるが、テレビでは記者との応答がそのまま視聴者への応答になる。私的密談でも公的発表でもない、私的発表ないし公的密談という中間話法が不可欠となる。中間領域の登場により、政治にはメディア向けの最前面領域、メディアを拒絶する最深部領域も必要となる。テレビ報道の「形式」が政治の風景を変えてしまったのである。テレビ報道では政治家と視聴者の距離はない。それが政治家への親密感を生み出すとしても、それは軽蔑感とも表裏一体である。大衆に英雄待望論はなお存在するとしても、舞台袖から見る政治で英雄を探すことはむずかしい。すべてはテレビ所有世帯がアメリカで半数を超えた一九五四年以降に本格化したことであり、一九六〇年代の若者反乱も公民権運動も「テレビ第一世代」によって引き起こされた。

†情報時代のノマド社会にむけて

かつて私が竹内ゼミの原著輪読で担当したのは、本書の第四部「社会変化の三つの次元」、つまり邦訳の下巻に予定された内容である。だから、確信をもって言おう。全体の理解としては、翻訳が刊行されている上巻（二〇〇三）だけで十分だ。下巻が欠けていると体裁は悪いけれども、その内容はアメリカ社会における「女性」（第一二章）、「子供」（第一三章）、「大統領」（第一四章）の変貌を論じた事例研究である。子供については、本書の元になった博士論文の審査にもかかわったポストマンが『子どもはもういない』（↓10）を書いている。大統領の権威失墜については、ブーアスティン『幻影（イメジ）の時代』（↓18）の「英雄から有名人へ」を批判的に発展させたものだ。電子社会は政治の完全な中央集権的コントロールを「技術的に」可能にした。しかし、政治的権威の脱神話化も進んだため中央集権的コントロールの受け入れは「社会的に」不可能になった。以下では、それ以外の下巻部分の論点を簡単に紹介しておきたい。

女性の国民化、特にフェミニズム台頭にテレビが果たした役割は決定的だった。テレビ以前、有閑マダムと女性労働者が「女性」という立場で連帯しうる情報システムは存在しなかった。実際、一九世紀以来の女性参政権運動は、ほとんど大衆的と呼べる基盤を持たなかった。当然、その運動は男女関係に何ら革命的な変化をもたらさなかった。アメリカで女性の投票率が男性と並ぶのは、テレビ普及率が八〇%に達した一九五六年大統領選挙以後である。それ以後のフェミニズムの盛り上がりこそ、伝統的な男女関係をまさしく根底から揺さぶったのである。その意味で、テレ・フェミニズムはそれ以前の女性解放運動とは質を異にするリアルな社会運動であった。テレビが家庭に送り込む情報世界は、家庭の壁を境とした公/私の区別を溶解させたからである。

テレビドラマが行動へ及ぼす影響は主人公(ヒーロー)への自己同一化を通じて現れるが、男性的価値観に根ざしたドラマによって女性視聴者は性別役割(ジェンダー)規範より男性主人公の国民的モラルに自己同一化をはじめた。性役割のドラマは、女性の警察、軍隊への進出を促し、フェミニストを男性的に強化したのである。

最後の第五部「結論」においては、電子社会の未来が予測されている。場所感を欠く現代の文化は、狩猟採取社会の遊牧民(ノマド)文化に似ている。ノマド社会には縄張り意識も性役割分業も子供概念も政治的ヒエラルヒーも存在しなかった。情報ジャングルでコンピュータを使って情報の狩猟採取生活を行っている現代人は「情報時代のノマド」なのだ。

むろん、電子社会は「口誦―筆記―印刷の社会」である印刷社会に新たに電子メディアが加わった重層的なメディア社会である。電子ノマドの時代は単純な過去への回帰現象ではない。物理的場所でさえ、それを再設計する自由はまだ私たちに残されているのだから。

Joshua Meyrowitz, *No Sense of Place : The Impact of Electronic Media on Social Behavior,* Oxford University Press, 1985
（邦訳：上巻、安川一・高山啓子・上谷香陽訳、新曜社・二〇〇三、下巻［第12－15章］は未刊）

25　ロバート・D・パットナム『孤独なボウリング』（原著刊行年　二〇〇〇）
――社会関係資本とテレビ視聴

パットナム（一九四一―）米国の政治学者。ハーバード大学ケネディースクール学長、米国政治学会会長など歴任。『われらの子ども』など。

†アフター・コロナの「新しい生活様式」を前にして

強いアメリカを支えた「市民的つながり」の減少は、いつ、どこで、なぜ起こったのか。この問いを「社会関係資本（ソーシャル・キャピタル）」（人と人のつながりが生み出す一般的信頼性・関係積極性・集団活動性）の変動から実証的に論じた大著である。政治や宗教などフォーマルな参加から、余暇活動などインフォーマルな参加まで、市民の社会参加が急速に衰退している。それが社会全体の経済的停滞、不平等拡大、犯罪率増加から個人レベルの健康不安や学力低下までに深刻な影響を及ぼしている。狭義なメディア研究の視点からは、テレビ視聴による社会関係資本減少の議論（第一三章「テクノロジーとマスメディア」）が必読だが、アフター・

コロナのメディア環境を考える上でもはずせない名著である。

ウイルス感染防止のための「新しい生活様式」として、身体的距離の確保、対面の会食や密室でのおしゃべりも避けることが求められている。大学の授業もすべてオンラインとなり、「ボウリング・アロン」ならぬ「ラーニング・アロン」の時代が予想外に早く到来した。二〇二〇年、私も外出自粛で研究会、コンパ、パーティなど社交空間から身を引いている。本書で描かれた一九七〇年代以降のアメリカ社会よりもさらに「つながりに乏しい社会」がいま出現しようとしているのではないか。全般的な参加自粛の新常態（ニューノーマル）も私の場合はすでに還暦前のためおそらく耐えることはできる。だが、もしこの状況に二〇代で直面していたとすれば、「私」はかなり追い詰められていたのではないだろうか。本書で引用されているヨギ・ベラの言葉「誰かの葬式に行かないのなら、自分の葬式に誰も来てくれないだろう」も心に響くが、学問や研究という世界では次の一文が特に重い。

「ほとんどの人間が、何を知っているかではなく、誰を知っているかということによって職を見つける」

　新常態は若い研究者が誰かと親密になる機会を著しく制限するからである。パットナムは社会的ネットワークにおいて「なんとかやり過ごす」結束（ボンディング）（排他）型と「積極的に前へ進む」橋渡し（ブリッジング）（包含）型を区別している。特に外部資源にアクセスし情報伝播に役立つ橋渡し型に対して新常態が与えるダメージは大きい。それを心配するのは、本書の翻訳も橋渡し型の社会関係資本と大いに関係するからである。もし訳者の柴内さんと私が「三密状態の」映画館で一緒にいなかったら……、と思うからである。「訳者あとがき」で翻訳に至る経緯はこう紹介されている。

「職場をご一緒させていただいていた佐藤卓己先生（現・京都大学助教授）と、たまたま映画『ボウリング・フォー・コロンバイン』（マイケル・ムーア監督）について、インフォーマルな会話をさせていただいたことがきっかけとなった。映画はメディア効果論という観点からも面白い論点を含んでいるのだが、同作品のタイトルがついた理由などをめぐってお話させていただいているときに、訳者が偶然本書の話を引き合いに出したのだった（なお映画の中では、銃乱射の少年たちが、ボウリングのクラスでクラスメートとも話さずただボールを放り投げるだけだったという本書のタイトルにも関わるようなエピソードが紹介されている）。そのことを後に佐藤先生が柏書房取締役編集長の山口泰生氏に話された。柏書房からは、やはりマイケル・ムーアの訳書『アホでマヌケなアメリカ白人』二〇〇二〕が話題となった後のことで、ボウリング繋がり（！）で硬軟取り混ぜてうちでやりましょう、と後日お話をくださった。」

よく出来たフィクションのように思われるかもしれないが、正真正銘の実話である。柴内さん（現・東京経済大学教授）には『戦後世論のメディア社会学』（二〇〇三）から『ラーニング・アロン――通信教育のメディア学』（二〇〇八）、『ソフト・パワーのメディア文化政策』（二〇一二）まで多くの編著に「インターネット分野担当」で参加してもらった。私が同志社大学から京都大学に移ってからも、私のゼミ生たちは柴内ゼミに「インフォーマルに」参加し、統計調査法や情報理論の基礎を教わっていた。本書でパットナムは結束型より橋渡し型のネットワークの重要性を説いているが、柴内さんのおかげで文字通り「賀茂大橋」をまたぐ理想的な研究共同体が構築できた。

†市民参加と戦争民主主義

パットナムの歴史的分析（第二三章「歴史からの教訓――金ぴか時代（ギルデッド・エイジ）と革新主義時代（プログレッシブ・エラ）」）によれば、一九世紀末のアメリカで社会関係資本のイノベーションは生じた。全米ライフル協会（一八七一）、米国赤十字（一八八一）、米国労働総同盟（一八八六）、PTA（一八九七）など大規模な組織が次々と設立されている。それはマーヴィン『古いメディアが新しかった時』（→26）が論じたコミュニケーション革命の時代でもある。パットナムもインターネットの影響に関する最近の議論と「驚くほどよく似た」一九世紀末の論争を紹介している。鉄道と電信、電話によって国家は近隣関係に変わり、市民は距離と関係なく「出会い」、互いに理解しあうことができるという楽観論もあれば、安価な娯楽の提供による市民的関心の低下、近隣関係の空洞化を憂うる悲観論もあった。

しかし、社会関係資本の原蓄期を一九世紀末の市民的「革新」の時代に求める近代化論には少々無理があるように思える。むしろ、二〇世紀の参加ブーム（一九五〇—六〇年代）の直前に何があったか、その現実をもう少し直視するべきではないだろうか。それは、世界大戦に向けたアメリカ社会の総動員である。この総力戦体制こそが社会関係資本を飛躍的に増大させる踏切り板だったのではないか。実は、パットナム自身も「戦時の時代精神が市民的傾向性を強化した」事実を十分に意識している。

「市民活動の尋常ならざる爆発的拡大が第二次世界大戦中、戦後に起こったことである。会員数の変遷について調査対象となった大規模団体——ＰＴＡや女性有権者同盟、米国機械学会からライオンズクラブ、米国歯科医師会、ボーイスカウトに至るまで——の全てが事実上、その「市場シェア」を一九四〇年代中盤から一九六〇年代中盤にかけて急激に拡大させている。すでに見たように、似たような戦後の急成長はリーグボウリングやトランプ、教会出席からユナイテッドウェイ［共同募金組織］への寄付に至るその他のコミュニティ活動にも存在する。第二次世界大戦は、それ以前の米国史における大戦争のように、逆境の共有と、共通の敵をもたらした。戦争は、全国的には強烈な愛国主義、そして地域的には市民的積極行動主義の時代の先導者となった。」

パットナムのいう「長期市民世代」は「人々は互いに頼りあっているという理解」を総力戦体験とともに共有していた。戦争が社会関係資本に強力にプラス作用することを認めた上で、パットナムは戦争の必要性を否定し「戦争の倫理的等価物」を見つけることを提唱している。この提案は妥当だが、そのためにこそ総力戦期のメディア状況を真正面から検討する必要があったのではないだろうか。

もちろん、それは本書に望蜀する課題ではない。その検討のために私は『ファシスト的公共性——総力戦体制のメディア学』(二〇一八)を書いたと言っても過言ではない。日本でも戦後の高度経済成長、さらに高度情報化は、戦前の高度国防体制の倫理的等価物として追求された。そして、今日アメリカと同じく戦争体験世代=総動員世代の退場とともに、日本社会も社会関係資本の急速な減少を目の当たりにしているのではないか。

†電子的暖炉からエコーチェンバーへ

冒頭で触れたように、パットナムは「テレビ視聴の増加は、事実上あらゆる形態の市民参加、社会的関与の低下を意味する」と断じている。とはいえ、パットナムも一九五〇年代にはテレビはまだ「電子的暖炉」として家庭の一体感をもたらしていたことを認めている。全米世帯におけるテレビ受信機の所有率は一九五〇年の一〇％から五九年の九〇％に上昇した。家族のコミュニケーションを阻害するメディアと見なされるようになったのは、一九七〇年代のことである。

「時間日記によれば、夫婦が会話して過ごす、三〜四倍の時間を一緒にテレビを見て過ごしていることが示されており、またそれは家庭外でのコミュニティ活動に費やす時間の六〜七倍に上っている。さらに、世帯内のテレビ数が増加すると、一緒にテレビを見ることすら希になっていくのである。ますますテレビ視聴は、完全に一人で行われるものになっている。」

個人視聴の一般化は、テレビを電子的暖炉から反響共鳴室（エーコーチエンバー）に変えたと言ってもよいだろう。文芸評論家T・S・エリオットが一九六三年九月二二日付『ニューヨーク・ポスト』で述べた言葉が引用されている。

「この娯楽メディアは、何百万もの人々が同じジョークに同時に耳を傾けながら、一方で孤独なままでいることを可能にしている。」

ブラウン管に映る笑顔は視聴者のコミュニケーション欲求を疑似的に解消し、精神的引きこもりの生活を可能にしたわけである。SNSなど閉鎖的情報空間で同じ意見が共鳴し合い排他的信念が強化される状況をエコーチェンバー現象と呼ぶが、その意味では社会関係資本も橋渡し型から結束型に転換されたといえるのかもしれない。むろん、パットナムがテレビをコミュニティ崩壊の「唯一最も一貫した予測変数」とみなすのは、テレビが余暇時間を私事化しているためである。

「テレビは、個人的にも集団的にも市民参加に対して悪影響を持つことがわかっているが、共同で行う活動に対してとりわけ有害である。テレビ視聴が長くなると（例によって人口統計学的要因を統制しても）個人的活動、例えば手紙を書くといったことが約一〇〜一五％削減されるが、同量のテレビ視聴は、公的集会への出席や地域組織での指導的役割を果たすといった集合的活動を、四〇％近くも減少させてしまう。」

こうした機能は、一方通行的なテレビとは異なる双方向性メディアとして登場したケーブルテレビやインターネットでも変わらない。特に、「人々のつながり」を増大させると期待されたインターネットの普及も、社会関係資本減退の歯止めとはならなかった。それをパットナムはこう表現している。

「コンピュータ・コミュニケーションは情報の共有、意見の収集、解決策の議論にはよいが、サイバースペースにおいて信頼と善意を構築することは難しい。（……）社会関係資本は、効果的なコンピュータ・コミュニケーションにとっての前提条件なのであって、それがもたらす結果ではないということかもしれない。」

今日のインターネット社会において、テレビはすでに情報弱者のメディアとなっている。テレビを長時間視聴しているのは、育児放棄された子供や寝たきり老人などに象徴される社会的弱者であり、社交・集会・執筆など直接情報行動を意味する活動的社会活動とテレビ視聴の時間はおおむね反比例して増減する。

パットナムはその後、『われらの子ども――米国における機会格差の拡大』（原著二〇一五、二〇一七）でアメリカの教育格差問題を扱い、自分たちが生まれた一九五〇年代にはコミュニティーに存在していた「われらの子ども」という観念が衰退している有様を批判している。社会階層が固定化した分断社会の要因として、メディアによる文化的細分化もあげている。子供のインターネット利用では富裕層で学習や情報収集に利用される一方、貧困層ではもっぱら気晴らしの娯楽利用となっている。そうした格差の拡大再生産は、テレビ時代に始まる「子供期の消滅」（↓10）とも関連があるはずだ。

パットナムは反コミュニティー的なメディアとしてテレビを告発し、格差拡大のメディアとしてインターネットを批判する一方で、コミュニティーへの関与と親和性のあるメディアとして新聞をあげている。なるほど、新聞購読率は社会関係資本の指標と連動して低下を続けている。

だが、一九三〇年代アメリカのラジオ放送を論じたデイヴィッド・グッドマンは『ラジオが夢見た市民社会』（原著二〇一一、二〇一八）で大変興味深い指摘をしている。パットナムはテレビを批判する一方で、ラジオが社会関係資本の豊かな第二次大戦期世代を育てた事実にまったく沈黙している、と。同じ理由から拙著『テレビ的教養――一億総博知化への系譜』（二〇〇八）もラジオの教育番組から書き起こしている。私が同書で乗り越えるべき目標としたのは、「一億総白痴化」の大宅壮一よりもパットナムだった。初期テレビにパットナムも認めていた「単一の国家的「井戸端」文化を作り出す能力」は、本当に涸（か）れてしまったと言えるのだろうか。

Robert D. Putnam, *Bowling Alone: The Collapse and Revival of American Community*, Simon & Schuster, 2000.（邦訳：柴内康文訳、柏書房・二〇〇六）

Ⅵ 情報社会とデジタル文化

26　キャロリン・マーヴィン『古いメディアが新しかった時』(原著刊行年　一九八八)
――メディア考古学の思考法

マーヴィン(非公開)　ペンシルヴァニア大学アンネンバーグ・コミュニケーション研究科教授。Blood Sacrifice and the Nation (1999) など。

†メディア考古学の可能性

最近のメディア史研究では「考古学」がブームのようだ。赤上裕幸『ポスト活字の考古学――「活映」のメディア史1911-1958』(二〇一三)や飯田豊『テレビが見世物だったころ――初期テレビジョンの考古学』(二〇一六)などである。前者では映画を活字の次に来る教育メディアととらえた「活映」運動を、後者では「街頭テレビ」が始まる以前にテレビが秘めていた可能性を、丹念に掘り起こしている。

本書はこうした「メディア考古学」の先駆者著作である。メディア考古学の意義を、エルキ・フータモ『メディア考古学――過去・現在・未来の対話のために』(原著二〇一一、二〇一五）は次のように述べている。さまざまなメディアの「勝ち組」の発展史の陰に隠れ、袋小路に入った「負け組」に光を当てることで、直線的、決定論的な技術発展史、つまりメディア環境の現状肯定から距離を置くことが可能になる。つまり「抑圧され、無視され、忘れさられたメディア」の可能性の文脈を理解することにより、メディアの未来を現在とはちがった発想で展望する視座を獲得できるというわけである。

むろん、そうした「考古学」的思考の起源は一九三〇年代のベンヤミン（↓16）の断章などに求めることはできるだろう。だが、それはマルクス主義的な発展段階論が決定的に信用を失った一九九〇年代以降、各ジャンルで模索された思考法である。ただし、私をふくめメディア史の第一世代は、まずメディアの俗説を改め、「正史」に近づく必要にせまられていた。メディア史というジャンルがまだ確定されていなかったためである。考古学であるより現代史の立ち位置を優先することになった。

今日では「メディア史」と位置付けられる本書の場合も、そのタイトルの直訳は「古いテクノロジーが新しかった時」であり、一九八八年刊行当時は「技術の社会文化史」に分類されていた。同じジャンルで電気テクノロジーを扱った名著に、ヴォルフガング・シヴェルブシュの『闇をひらく光——19世紀における照明の歴史』（原著一九八三、一九八八）と『光と影のドラマトゥルギー——20世紀における電気照明の登場』（原著一九九二、一九九七）があり、正直こちらを取り上げるべきではないかと大いに迷った。私自身がより強く影響を受けたのは、『鉄道旅行の歴史――19世紀における空間と時間の工業化』（原著一九七七、一九八二）を含むシヴェルブシュの「コミュニケーション技術」三部作である。確かに、「活字」や「映画」という視覚メディアへの関心からすればシヴェルブシュを選ぶべきだが、ここでは「電話」や「ラジオ」など聴覚メディアの現代性、いや未来性で本書を選んだ。

それ以上に、個人的な思いもある。訳者との関係だ。私は東大新聞研究所で吉見俊哉さんの後任助手であり、水越伸さんは先任助手で隣室だった。助手が担当する仕事に日本新聞学会（現、日本マス・コミュニケーション学会）事務局の幹事があったから、その仕事も吉見、水越、佐藤と引き継がれた。私の博士論文『大衆宣伝の神話』が弘文堂から出版できたのも、吉見さんに頼まれた津金澤聰廣ほか編『大衆文化事典』（一九九一）の図版コラム執筆がきっかけだった。「アイドルの興亡とおニャン子文化」から「神のやどる機械文明」まで計七四項目の構成とキャプションを一ヶ月で執筆している。まだ二〇代だったからチャレンジできた仕事だが、どんなテーマでもその気になれば書けるという自信にはつながった。

西洋史学という異分野からメディア研究に参入した私は助手時代、先任の二人からさまざまな刺激を受けた。そして、吉見俊哉・若林幹夫・水越伸『メディアとしての電話』（一九九二）、吉見俊哉『「声」の資本主義――電話・ラジオ・蓄音機の社会史』（一九九五、河出文庫）、水越伸『メディアの生成――アメリカ・ラジオの動態史』（一九九三）が、本書の延長線上にあることも明らかである。

†一九世紀末に起源をもつ「現代」

「新しいテクノロジーというのは歴史的にみて相対的な言葉である」（強調は原文）、と本書ははじまる。私たちはニューメディアの登場に驚嘆する最初の世代ではない。インターネットの前にテレビがあり、その前にラジオがあり、さらにその前に電信があった。「新しいテクノロジー」によって社会が変貌するという感覚の起点を、マーヴィンは最初の電気的コミュニケーション装置である電信の発明（一八三七）に置いている。

一方、市民社会と大衆社会の画期を第一次世界大戦（一九一四～一八）に置くのは世界史の常識である。そのため欧米におけるメディアの歴史も二〇世紀から説き起こされることが多かった。確かに電話、蓄音機、白熱電球、無線、映画が社会全体に普及するのは二〇世紀だが、そうした装置の発明はいずれも一九世紀のことである。まず本書が目指したのは、メディア史の起点を一九世紀末まで押し戻すことだった。

「実は十九世紀末、はるかに多くのことがすでに進行中だったのだ。この時代、新しい電気的なメディアは人びとにとって尽きることのない魅力と恐怖の源泉であり、絶えざる社会的な実験の糧とされていた。二十世紀になされる電気的なメディアについての議論のすべては、実際のところここにおいて始まっていたのである。（……）新しいメディアが社会に導入されていくとき、古いメディアが社会的相互作用の安定的な流れをもたらすことで維持してきた社会的な境界線のパターンが再審され、挑戦され、防衛されていく。これは歴史の特別な機会なのである。」

それゆえ、二〇世紀中心のメディア史があまり重要性を認めてこなかった二つの発明品、「電灯」と「電話」に本書ではスポットが当てられている。電灯は一九世紀末を彩った偉大なるスペクタクルのメディアであり、未来に開かれた最初の大衆的メディアである。電話は家庭のなかに入っていった最初の電気メディアであり、公的空間と私的空間の境界に衝撃を与えたメディアである。こうした最新の電気技術の利用者であり観察者でもある専門家たち――当時「エレクトリシャン」と呼ばれた人々――の議論が主な分析対象となっている。彼らの間で、技術が社会関係の脅威となるという「現代的な」認識が広く共有されていたこともさまざまな具体例から示されている。

また、そうした新しい技術に大衆がどう反応したのかについても、大衆が好んだ「ファンタジーや夢」から分析されている。それらは同時代の人々の想像力の限界点を示すものであり、その分析により時代の意識やそこで受け入れられた思考の幅を理解できる。技術決定論的メディア論の枠を超えようとするマーヴィンの意図は、次のようなメディアの定義に象徴されている。

「メディアとは、コミュニケーションの文化的コードに入念に組み入れられている慣習や信念、手続きなどから構成された複合体である。」

つまり、ニューメディアが既存の社会構造を安定化するか流動化させるか、その帰趨を決したのは電気テクノロジーをとりまく人々の慣習や信念、手続きなどであったということになる。

第一章「専門家を発明する――社会的通貨としての技術リテラシー」では、蒸気から電気へとエネルギー基盤が変化する中で誕生した、機械や技術を管理する「新しい階級」が分析されている。電気技術の専門家たちは「エレクトリシャン」と呼ばれたが、その職能定義はあいまいであり、多くの人々がこの名称を共有していた。

彼らの多くが購読する専門誌『エレクトリカル・ワールド』などを中心に「テクスト共同体」が形成されていた。電気技術についての文献的な読み書き能力がプロフェッショナルの証として戦略的に利用された。専門雑誌の購読は彼らが電気技術のエリートであることを自ら確認する行為となった。そこには理論的な科学と応用的な工学の最新情報に加えて、電気技術のインサイダーとアウトサイダーの境界を示すべく、大衆の電気に関する無知を笑いものにする読み物も数多く含まれていた。嘲笑の標的は主に社会的下層グループ、黒人、貧困者、田舎者、女性などから選ばれていた。専門家としてふるまうエレクトリシャンも生活者としては家族、社会、国家の一員であり、そのほとんどが白人、中産階級、都会人、男性であった。

「新しい電気的発明と電気に対する思考様式は、社会関係の構造に対する既存の習慣や期待に接ぎ木をされることで、その形や意味を与えられたのである。」

そのエビデンスとして三面記事的な記述が膨大に引用されている。その社会史的テイストを深く味わえるかどうかで本書の読後感は割れるかもしれない。

第二章「共同体と階級秩序——家庭と地域における変化」では、エレクトリシャンたちが望んでいた世界イメージが描き出されている。それは既存の社会秩序や階級構造が脅かされることなく保持される「よりよい世界」であり、そのために電気技術は活用されるべきだと考えられていた。もちろん、それはエレクトリシャン自身にとっても都合の良い変化でなくてはならない。

「家庭は保護された場所であり、外の世界とその危険に満ちた影響から慎重に防御された領域であった。新たなコミュニケーション技術には、それによって家庭の平安が、すなわち壁の中の安らかな状態を統制している家庭の秩序が乱されることになるのではないかという疑いの目がこと細かに向けられていた。家を治める者たちにとって、新たなコミュニケーション技術は外部からの侵入を象徴するものであり、その物理的な表現である電話線によって純粋無垢な身内だけの世界が目に見えるかたちで侵害されることに彼らは抵抗を感じていた。」

その疑念は正しく、抵抗はむなしかった。電話が家庭と公共空間の境界をあいまいにし、「私的な秘めごと」と「公的な共有知識」とのあいだのバランスを変化させた。それを食い止めることはエレクトリシャンにもできなかった。

第三章「身体としての電気――競合する権威と電気的時空」では、大衆科学における電気コミュニケーションの理解で特に重要な自然と身体について考察されている。専門家にとって自然は科学の研究対象だが、大衆は身体によって自然を認識する。

「身体の権威には強い説得力があり、洗練された観察者たちでさえ電気と身体の関係についての魔術的な信念を受け容れていた。(……)あらゆる種類の電気的仕掛けをもつ装飾品や、特別な電気パワーをもつ超人たち、電気によって引き起こされる病気や電気による治療法。こうしたもののなかで、電化された世界は身体に依拠して評価されていたのである。」

†単線的な発展史観を超えて

第四章「眩惑される大衆——メディア・スペクタクルの起源」は、一九世紀の電飾見世物の記憶をよみがえらせることで、今日のテレビにおけるスペクタクル的効果の系譜を書き改めている。

「テレビはやがて、数多くの対面的な大衆の集まりを不要にしてしまい、家族や個人を屋内に引っ込ませ、よく電気照明されたリビングルームで、かつては街頭の広場の人びとを楽しませた大衆的スペクタクルの末裔を、その画面を通して視聴させるよううながしていった。テレビは特別に、この電灯に始まるジャンルのいまなお身元確認ができる後継者であり、視覚的な興奮とドラマを生みだすために、あざやかな色の光を刺激的なパターンやイメージにして用いていることが、こうした電灯からテレビへの連続性を証明している。」

「電信・電話からテレビへ」ではなく「電灯からテレビへ」、この系譜の発見こそメディア考古学の大きな成果である。

「十九世紀末、一連の動向を見守っていた人びとの目には、電灯は、電話や無線などの地点間を結ぶどのような発明よりも、はるかにマス・メディアに近いものとして映っていた。」

第五章「空間、時間、差異の制圧――文化的均質化の実験」は、一九世紀末のテクノロジーである電話、映画、電気照明、蓄音機、無線電信がコミュニケーションに与えた革新の意味をまとめている。それはメッセージを「まるで本物のように転写」するとともに、一瞬にして時空を超えて拡散することを可能にした。ラジオ以前にもさまざまな電話中継の試みが行われていた。それは本来のイベントの観客を拡張するものであり、放送の目的で制作された番組を流すラジオとはまったく位相の異なるシステムである。しかし、一八九三年にブダペストで始まった「テレフォン・ヒルモンド」は、制作した番組を毎日電話回線で送信する放送スタイルだった。第一次世界大戦後、テレフォン・ヒルモンドはハンガリー・ラジオ放送に吸収され、その有線放送部門となっている。また、テレフォン・ヒルモンドを模倣した事業として、アメリカで一九一一年に始まった「テレフォン・ヘラルド」の番組編成なども詳しく紹介されている。

「電話回線による放送的な送信は、特権的な少数派の必要と利害に適合するようなかたちで進化していき、上から下へと徐々に浸透していったかもしれない。しかし実際には、情報内容をより安価で民主的に配信することで、無線のコミュニケーションが電気メディアを大衆的オーディエンスの手に届くものにし、あらゆる種類の番組の発展を加速させたのである。」

技術的に見れば不可分だった、電話通信とラジオ放送はこうして切り分けられた。二〇世紀末のインターネット時代に起こった通信と放送の再融合を見れば、その一体性は明らかだろう。本書の結びに次の言葉が置かれている。

「過去は未来において真に生き残る」。

Carolyn Marvin, *When Old Technologies Were New: Thinking About Electric Communication in the Late Nineteenth Century*, Oxford University Press, 1988.

（邦訳：吉見俊哉・水越伸・伊藤昌亮訳、新曜社・二〇〇三）

27 フリードリヒ・キットラー『グラモフォン・フィルム・タイプライター』（原著刊行年 一九八六）――総力戦体制のメディア系譜学

キットラー（一九四三―二〇一一）ドイツのメディア・システム史家。ベルリン・フンボルト大学文化学研究所教授。『ドラキュラの遺言』など。

†ドイツ参謀本部的（目的合理的）なメディア文明論

ドイツ型の「メディア考古学」（↓26）と言えるかもしれない。英米でソフトウエア中心の社会文化史的視点が重視されるのに対して、ドイツではハードウエアの技術論を貫くメディア論が目立っている。メディア技術そのものに焦点を当てるテクノロジー史観は、メディアと権力の結びつきを剔抉（てっけつ）する上で切れ味を発揮する。その典型が本書である。徹底したテクノロジー史観にフーコーの系譜学とラカンの精神分析を導入した、ポストモダンのメディア論である。

好きか嫌いか問われれば、好きな本ではない。読者が選ぶ本ではなく、読者を選ぶ本だからである。ドイツ文学やフランス現代思想の知識のない読者をはじめから相手にしていない。私も文芸的レトリックと精神分析的独断にとまどう箇所が少なくなかった。たとえば、こんな一文が巻頭にある。

「トーマス・ピンチョンによって『重力の虹』がかけられた一九七三年以降には、ほんとうの戦争が人々や祖国をめぐるものなどではなく、異なるメディアどうし、異なる情報伝達技術どうし、異なるデータの流れどうしの戦争でしかないことも露わになった。われわれのことなど忘却しさった情況の走査線とドット・イメージ……。」

私は翻訳刊行（一九九九）の直後に購入したが、この一文に遭遇し、「文学だね」とつぶやき、書架に戻した。文学が嫌いというわけではないが、研究には不要不急に思えた。それでも、あえて名著に加えた理由ははっきりしている。私が「キットラー主義者」と目される可能性があるためだ。拙著『現代メディア史』（一九九八）の読者から、「キットラーの影響を受けていますよね」、「基本文献案内になぜキットラーが載っていないのですか」とたずねられたことがある。むろん私はキットラー主義者ではないし、その邦訳前に刊行された初学者向けの文献リストに本書は入れようもない。とはいえ、そう誤解される理由もよくわかる。ドイツ現代史を学んだ私が、「メディア史＝メディア論」を主張しているためだ。『現代メディア史』初版の「はじめに」では「国民化―総力戦体制―世界化」の見出しでこう書いた。

「こうした情報システムの「世界性」が立ち現れたのも、一九世紀後半であった。大英帝国が敷設した大西洋横断電線が開通する一八六六年は、アメリカ南北戦争終結の一年後であり、明治維新の二年前、ドイツ統一の五年前にあたる。ここで重要なことは、一九世紀後半以降の大衆の国民化と情報のグローバル化が同時進行した事実である。国民国家の形成と情報の国際化という二つの潮流は、二つの世界大戦の中でシステム社会化として一本化され、今日の情報化社会が生みだされた。総力戦体制とは、国民総動員によって戦争状態を日常性に組み込む自己組織的なシステムである。」

実は、本書も「南北戦争後のアメリカ」で発明されたグラモフォン・フィルム・タイプライターが「総力戦体制」で「ネットワーク化」されていくプロセスを描いている。それ以上に、キットラーが序言を次のように始めていることも注目すべき類似点だろう。

「われわれのおかれている情況を決定しているものはメディアである。(……)情況報告の検討といえば、よく知られているようにドイツ参謀本部のおはこであった。」

同じように『現代メディア史』第一章は「「情報」「メディア」「マスコミ」の総力戦パラダイム」で始まり、和製漢語「情報」に関して日本陸軍に言及している。日本陸軍がドイツ参謀本部をお手本としたことは周知だろう。

「陸軍省で酒井忠恕が訳出した『仏国歩兵陣中要務実地演習軌典』（一八七六、内外兵事新聞局）に renseignement の訳語として「情報」は登場した。軍事用語としての定着は、森林太郎（鷗外）の翻訳、クラウゼヴィッツ『大戦学理』（一九〇三、軍事教育会）でも確認できる。鷗外訳によれば「情報とは、敵と敵国とに関する我智識の全体を謂ふ」とされている。つまり、「情報」Nachricht は広義な軍事情報を意味し、英語の intelligence に対応していた。」

さらに言えば、本書巻末に登場する一文、「全体戦争の遺産と全体コミュニケーション・システムの戦利品は、全体機械の開発へと移行した」は、拙著テキスト終章の第一節「マンハッタン計画からインターネットへ」の主題でもある。こうして見ると、私がキットラー主義者だと目されても仕方がないのである。

しかし、こうしたメディアの総力戦体制論は必ずしもキットラー起源でもない。例えば、本書でもポール・ヴィリリオ『戦争と映画Ⅰ――知覚の兵站術』（原著一九八四、一九八八）が引用されているように、一九八〇年代には珍しい議論ではなかった。ハンディで読みやすいヴィリリオではなく、なぜキットラーの大著をここで選んだかといえば、マルクルーハン『メディア論』（↓29）に対する次の批判に深く共鳴するからだろう。

「マクルーハンは自分の著書の題で『メディアの理解』といったが、メディアを理解することなど不可能なのだ。ことはむしろあべこべなのであって、そのつど支配的である情報伝達の手段がありとあらゆる理解を遠隔操作していて、あたかも理解が可能であるかのような幻想をかきたてているだけだ。だが、身体と名づけられた未知のものが歴史的にはどのようにあらわれてきたかを青写真や回路図から読みとること——これならできそうだ。青写真や回路図が印刷機械を動かすものであろうが、計算機を動かすものであろうが関係ない。人にかんして残るのは、とどのつまりメディアが保存して、後世に伝えることができるものだけだ。」

私流に要約すれば、メディア論は「メディアの理解」としては不可能であり、「メディアの歴史」としてのみ成立する、ということだ。ポスト歴史において「歴史」を可能にするのがメディア史なのだ、とまで読み込むことができるかもしれない。

ちなみに、私が本書を初めて読んだのは二〇〇九年一一月三〇日である。京都大学教育学部の購読演習で長﨑励朗(れお)さん(現・桃山学院大学准教授)が報告したレジュメが本の扉に挟まっていた。のちに博士論文『「つながり」の戦後文化誌——労音、そして宝塚、万博』(二〇一三)を書く長﨑さんだが、修士論文で音楽鑑賞団体のメディア史を書いていた。このように、私は不要不急の大著の多くを教育指導にかこつけて学生と一緒に読破した。そんな教育機会を無理につくらなければ、本書も読み通せなかった一冊だろう。

†リアル／イマジネール／サンボリック＝グラモフォン／フィルム／タイプライター

キットラーは本書に先立ち『書き込みのシステム』（一九八五）において、一八〇〇年頃に書字メディアと近代的主体の覇権が確立したこと、さらに一九〇〇年頃にそのシステムが動揺したことを論じている。それを受けて、本書では一九世紀後半から一九八〇年代当時までの情報化とポストモダン化が論じられている。キットラーは近代の権力が文書保管庫（アルヒーフ）に発することを暴いたミッシェル・フーコーを「最後の歴史家」と呼び、自らをポスト歴史（文字の敗北後）の、つまりメディア時代の系譜学者と位置付けている。

一九世紀まで文字はまさにメディアそのものとして機能しており、それゆえに「メディア」という概念も当時は存在しなかった。一八〇〇年には、書物が映画［リュミエール兄弟の初上映は九五年後］であり、かつレコード［ベルリーナーによる発明は八七年後］にほかならなかったからである。

そうした文字＝記録の専制を打破した装置が、蠟管録音再生機（フォノグラフ）と映画用映写機（キネマトグラフ）である。どちらもエジソンの発明になる「書く（グラフ）」装置が移民国家アメリカで生まれたこと、「メディア」の今日的意味もアメリカで生まれたこと、いずれも偶然ではない。また、「ディスクール機関銃」タイプライターを量産したレミントン社も、南北戦争終結により軍需がなくなったアメリカの兵器メーカーである。さらに、円盤レコードを使うグラモフォンを発明したエーミール・ベルリーナーもドイツ生まれのアメリカ市民だった。録音と再生が可能だったエジソンのフォノグラフは「純文学」的に狭い範囲の利用にとどまったが、再生に限定されたベルリーナーのグラモフォンは「大衆文学」的に広く普及した。

「技術によって音響を保存することが発明されて以来、詩が民衆にたいして何らかの効果をもったとしたら、それはヒット・パレードやヒット・チャートにおける新しい抒情詩に限られていた。その作詞者たちは、名前は出なくてもよいが印税にはこだわり、その享受者たちは文字など読めなくてもよいが愛なしではおさまらなかった。」

一九世紀後半にほぼ同時に発明された映画、蓄音機、タイプライターによって、視覚・聴覚・書字のデータは機械的に保存できるようになった。グーテンベルクのデータ保存体系を粉砕した、こうしたメディア技術をラカンの精神分析学の方法論を使って三つに分けている。リアルな（意識的な制御を超えたノイズを含む）もの＝グラモフォン、イマジネールな（見た目には完全だがリアルでない）もの＝フィルム、サンボリックな（意識的に制御され、処理される）もの＝タイプライターである。

この三つはやがてコンピュータとグラスファイバー・ケーブルによって電子的に統合され、文字の時代、つまり歴史はここに終焉を迎える、というわけだ。

†塹壕・電撃戦・星々＝データ・アドレス・命令

この音響、映像、言語記号の三装置を飛躍的に発展させたのは、二つの世界大戦である。まず、キットラーは音響装置に関連して、「（第一次世界大戦は）どうしても勃発しなければならなかった」と言い切る。塹壕に展開した兵士を一斉に動かすために軍用無線機が使用され、戦後はそれがラジオ放送など娯楽産業に民需転用された。ワイマール共和国のラジオ熱をリードしたのも、復員した十九万人もの無線通信兵だった。

あるいは、第二次世界大戦後イギリスの人気ロック・グループ「ビートルズ」は、なぜイギリスの潜水艦基地リヴァプールで誕生したのか。ノイズ入りのリアルな音響のプロセッシング（加工）はマグネットフォン（テープレコーダー）で可能になったが、それを初めてミキシングに利用したのはアビー・ロード・スタジオである。「ビートルズ帝国」のサウンドはこのスタジオで可能になった。録音と再生の両機能を再統合したテープレコーダーは、移動中の潜水艦や戦車でも利用できる音響装置としてドイツ第三帝国で開発され、その技術は連合国に戦後押収された。さらに、この磁気テープはコンピュータのデータ保存装置に転用され、「シミュレーションの帝国」を作り出した。

テープレコーダーによるサウンド・プロセッシングは歴史（出来事の時系列的な展開）を

揺さぶったが、カットやモンタージュを前提とする映画ははじめから時間を操作するイマジネールな装置だった。キットラーはローベルト・ヴィーネ監督『カリガリ博士』（一九二〇→17）を例に、映画とはサーカスの系譜学に組み入れられるべきものと主張する。時間を編集できたイマジネールな映画と、リアルな音響との結合はむずかしかった。そのため無声映画は、タイプライター、すなわちサンボリックな字幕とまず結合した。

タイプライターという英語は、機械自体とそれを使うタイピスト（主に女性）を同時に示している。グーテンベルク銀河では秘書も男性であり、テクストを書く作家から植字工まで、印刷メディアは女性を排除したシステムとして機能した。とはいえ、テクストの原義は「織物」であり、織物は工業化以前から女性の手仕事だった。グーテンベルクの再生産技術をテクスト生産に導入したタイプライターがレミントン社のミシン部門で製造されたのも偶然ではない。ミシンは女性向けの機械だった。こうして手仕事を工業化したタイプライターは、やがて暗号機として利用されることでデジタル文法を生み出した。ドイツ国防軍の暗号機エニグマを解読した数学者アラン・チューリングによってコンピュータと情報処理の基礎理論が確立されたからである。知性（インテリジェンス）／諜報活動が戦争での勝敗を決したのである。

キットラーはグーテンベルク銀河を超える世界史を、三段階で描き切っている。第一段階のアメリカ南北戦争期には音響・光学・文書の記憶技術が実用化され、第二段階の第一次世界大戦後にはその記憶内容を伝達する電気的技術、すなわちラジオ、超短波戦車用無線、潜水艦ソナー、航空レーダー、テレビなどが開発された。それが電撃戦と総動員を可能にしたのである。第三段階の第二次世界大戦以降、暗号に利用されていたタイプライターの文字配列の算定可能性（コンピュータビリティ）が情報化を推し進めた。塹壕／電撃／星々（戦略防衛）の戦争進化は、記憶／伝達／計算の情報化に対応している。工業化が手仕事を機械化したように、いまや情報化が人間の思考を自動化している。

この状況で知識人はもはやありえず、みな平凡人になる。その平凡人がたとえ政治家にならないとしても政治の知識は皆に必要だ、そうした議論に誰も反対しない。同じように、新聞記者や放送局員にならないとしてもメディアの知識は皆に必要だ、この主張も正論とされる。しかし、エンジニアやプログラマーにならなくてもアルゴリズムの知識は皆に必要だ、と誰が自信をもって言えようか。ユーザー・インターフェイスの改善という美名にかくれて、いまもメディアのブラックボックス化はますます加速している。

Friedrich A. Kittler, *Grammophon Film Typewriter*, Berlin: Brinkmann & Bose., 1986.
（邦訳：石光泰夫・石光輝子訳、筑摩書房・一九九九）

28 ヴィレム・フルッサー『テクノコードの誕生』（原著刊行年 一九九六）
――ポスト真実のコミュニケーション学

フルッサー（一九二〇―一九九一）プラハに生まれ、ナチズムを逃れてブラジルへ移住、サンパウロ大学科学哲学・コミュニケーション哲学講座教授。

†テレビ時代のインターネット革命論

本書の原タイトル「コミュニコロギー」は、情報理論や情報科学とは異なる解釈的な人文学（ヒューマニティーズ）の体系化をめざして著者が自ら造出した名称である。

「人間のコミュニケーションは、死すべき生という残酷な不条理を忘れさせるための技巧である。」

この定義から読み取れるのは、亡命の機を逸した家族全員をホロコーストで失った著者の悲哀だけでなく、危機的な世界と対峙する決意のような気迫である。「読むべき本」でありながら、私は未読のまま書架に眠らせていた。翻訳が出た一九九七年当時、『現代メディア史』(一九九八)の執筆に没頭していた。今回、現代ドイツのポストモダン系メディア論――フリードリヒ・キットラー(↓27)、ノルベルト・ボルツなど――を読み直す中でこの名著を発掘した。「名著30」の執筆における最大の成果かもしれない。

確かに読んではいなかったのだが、間接的にはすでに深刻な影響を受けていたようにも思える。例えば、インターネット革命を準備したのは一九八〇年代のビデオ革命であると、『現代メディア史』ではドイツの事例を引きつつ論じた。テレビのブラウン管を「モニター」に、放送の国民的公共性を「趣味の多文化主義」に、視聴者を「画像編集者」に変えた装置は、まずビデオだった、と。そうしたビデオ関連記事をドイツ留学中(一九八七―八九)によく目にしていたが、そうした議論の背景に「フルッサーの予言」があったことは確かだろう。

本書が講義ノートとして執筆された一九七三~四年において、ビデオはまだ一般には普及していないニューメディアだった。世界初の家庭用ビデオをソニーが開発したのは一九六五年である。フルッサーは「どう機能するのかまだ予想できない」としつつも、その革命性を見抜いていた。

「ビデオは、テレビに役立てる意図でつくられた装置である。それは、放映されるプログラムを予めテープ上にプログラミングするものだから、放映の事前検閲が可能であり、思いがけないことが放映されるという事態を阻止できる。その反面、ビデオがテレビから独立に、それどころかテレビに逆らって（それがつくられた本来の意図に反して）用いられる可能性もある。」

実際、「自動車を道路交通のためではなく性交のために使うことが〈革命的〉であるのと同じように」、一九八九年東欧革命でもビデオは国営テレビから視聴者を解放するメディアとして活用された。フルッサーの言葉は予言的である。

「ビデオは、［マス・メディアのように］放射機構で利用されるならば非常に危険である。しかし、ビデオには、新しい対話、意味を与える解放の、わずかの可能性の一つがあるとも言えるのだ。」

今日、この「ビデオ」は「インターネット」に置き換えて読むべきだろう。再度くり返すが、本書が執筆された一九七三〜四年といえば、まだビル・ゲイツのマイクロソフト社（一九七五〜）もスティーブ・ジョブズのアップル社（一九七六〜）もない時代である。フルッサーはインターネットの危険性と可能性をビデオ利用の中に見抜いていた。

†コミュニケーション構造（4＋2類型）とコード類型（画像／テクスト／テクノ画像）

フルッサーはコミュニケーション構造を、情報を生産・合成するための「対話（ダイアログ）的形式」、情報を保存・分配するための「言説(ディスコース)的形式」の二つに分類する。言説の機能は情報の流れをつくることで手持ちの情報を保存することにある。そのため言説は過剰に生産され、対話は困難になってくる。人類史のこの大きな流れを「対話的［革命的］な時代」から「言説的［宣伝的］な時代」への移行としてとらえている。「言説的形式」で四つのモデル、「対話的形式」で二つのモデルを次のように図解する。

(a) 劇場型言説　家庭の居間、教室など、ノイズを遮断する凹面状の壁を背景に、発信者が受信者に伝達するシステム。受信者を未来の発信者にする「進歩的」教育的機能に優れる。

(b) ピラミッド型言説　軍隊、教会、行政などヒエラルヒーを伴うシステム。発信者（原作者）はノイズを排除しつつ、何段階もの中継者（権威）をへて、受信者に伝達する。

(c) 樹木型言説　(b)の中継者を「対話」に置き換え、「進歩」を促す科学技術システム。理想的だが権威主義は保持され、特殊用語を使用するため最終的な受信者はほぼいなくなる。

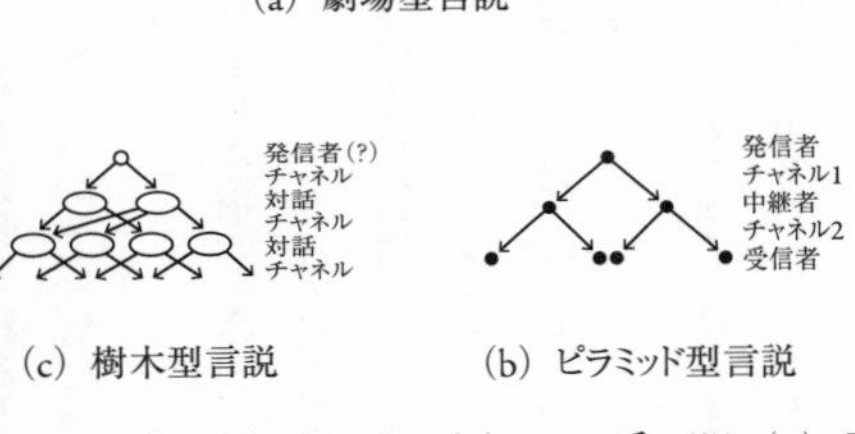

(a) 劇場型言説
(b) ピラミッド型言説
(c) 樹木型言説

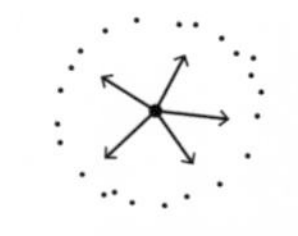

(d) 円形劇場型言説

(e) サークル型対話

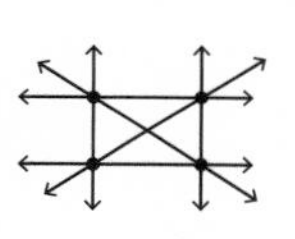

(f) ネット型対話

(d)円形劇場型言説　円形興行場（サーカス）を原型とする開放的かつ全体主義的なシステム。劇場型言説から壁を取り除き、発信者は中心から普遍的・画一的なコードで情報を放射する。

(e)サークル型対話　議会や委員会、実験室やゼミナールなど少人数のエリートによる閉鎖的な対話。創造的にして最高のコミュニケーション形式だが、成功することは稀である。

(f)ネット型対話　うわさ話や雑談などノイズを含む拡散的な大衆的な対話。揺れ動く「世論」の実態であり、あらゆる情報が流れ込んで集合的記憶（今風にいえばビッグデータ）となる。

この4言説＋2対話のモデルを使って先史時代から文明史が図解されるが、注目すべきは工業化以後だろう。(a)劇場型言説の家庭と学校、(e)サークル型対話の議会はすでに時代遅れとなっている。(b)ピラミッド型言説は官僚制として維持され、(c)樹木型言説の科学技術は(d)円形劇場型言説のマス・メディアと結合して発展している。このマス・メディアと(f)ネット型対話の世論が同期化し、「普遍的参加の外観を呈する」全体主義的な脱政治化が進んでいる。ここにフルッサーは現在の危機を見ていた。

このモデルによって、ハーバーマス『公共性の構造転換』（↓22）も説明できよう。「市民的公共性」とは近代家族［(a)劇場型言説：発信者としての母親↓受信者としての子供］から生まれる教養市民の討議型コミュニケーション［(e)サークル型対話］である。その存続が困難であることをフルッサーはこう説明している。

「母親の座にあるのは、いまやテレビである。これは、発信の構造がもはや劇場型ではなく円形劇場型になったということであり、情報の構造がもはや線形的・アルファベット的ではなく平面的に、画像としてコード化されているということだ。テレビの導入は劇場の貝殻を打ち砕き、子ども部屋と居間を円形劇場の放射の及ぶ無数の到達点にしてしまったのだ。テレビ画面のテクノ画像がアルファベットに取って代わった結果、国語は重要なコードの座を明け渡してしまった。テクノ画像のもつ斬新なコード構造は、新種のプログラミングをもたらしている。新しい世代は、もはやナショナリズムと〈歴史意識〉に向けてプログラミングされてはいないのだ。」

「テクノ画像」は後述するように、一九世紀の写真とともに生まれた、テクストに代わる現代のコードである。このテクノ画像コードにおいて、ハーバーマスが理想的としたテクスト的あるいは文筆的な公共性は成立しない。(e)サークル型対話についても、ハーバーマスはかつて有効に機能したコミュニケーション構造のごとく論じるが、フルッサーはイデオロギーとしてのみ機能したと断じている。

「（二〇世紀前半にファシスト的言説が侵入するまで）市民的イデオロギーによってサークル型対話が支配的とされたにもかかわらず、それは辛うじて樹木型言説の一部［実験室・ゼミナール・行政会議］として産業革命を生き延びることができたにすぎない。それは、独自のコミュニケーション構造としては、実はすでに一八世紀末以来、没落の一途をたどってきたのである。」

†テクノ画像とポスト歴史

そのことはコミュニケーション類型を支えるコード（記号の操作を整序するシステム）類型、画像―テクスト―テクノ画像の弁証法によっても裏付けられる（次頁の図を参照）。人間は〈世界〉を外部から認識しようとし（異境化1）、画像の投企により〈世界〉との断絶に架橋を試みる。実存と画像のフィードバックによる「呪術」で人間は世界を把握できた。画像の媒介機能が衰えると、画像の世界を去り（異境化2）、画像と自分との断絶をテクストによって架橋した。新たな「歴史」の獲得である。一九世紀後半からは過剰となり不明瞭化するテクストを棄てて（異境化3）、テクノ画像によってテクストとの断

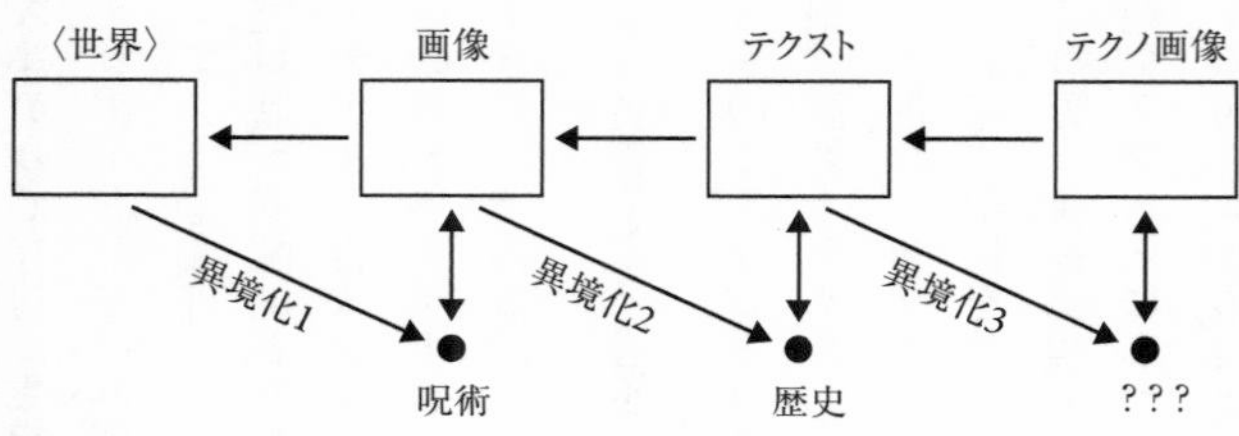

絶を乗り越えようとしてきた。

脱呪術化で歴史が始まったように、ここに脱歴史化は始まった。テクストの線形性・逐次性・歴史性は、テクノ画像の平面性・旋回性にコード変換されるからである。それによって獲得されるポスト「歴史」が何なのか、フルッサーは絶望と希望、二つのシナリオを提示している。一つはヒトラーが目指したような「呪術」の回復、もう一つはテクノ画像のコードをマスターしたエリートによる「新しい意味」の投射である。しかし、「新しい意味」が何かは本書では必ずしも明示されていない。以下ではテクノ画像についての議論を紹介しておきたい。

テクノ画像は装置によって作り出される現代のコードである。それはアルファベット以前の画像とは無関係であり、テクストに意味を与えるべく写真とともに新たに登場した。その制作は「装置+オペレーター複合体」によって遂行される。カメラマンであれ番組ディレクターであれ、テクノ画像の制作オペレーターは能動的な処理者でも受動的な被処理者でもなく、自らが使用する装置の機能（ファンクション）として組み込まれている。機械と人間の複合体として機能するため、能動／受動という人間的な区別は無意味なのだ。

「決定する能力があることを〈自由〉と呼ぶなら、写真家は写真機のおかげで自由だとも、写真機があるにもかかわらず自由だとも、写真機と一緒に自由だとも、写真機に逆らって自由だとも言えない。かれにとって、自由とは、写真機の駒として決定することなのだ。」

一方、テクノ画像の受け手にも自由はない。私たちはテクストの読み書き能力（リテラシー）をもっているが、今日もテクノ画像を暗号化（エンコード）／解読（デコード）するコードをほとんどもっていない。テクノ画像は情景を客観的に反映した平面などではなく、テクストの記号に意味を与えるべく操作された平面である。このテクノコードには、顕微鏡写真や統計グラフなど解読可能な「エリート的テクノ画像」と、宣伝写真や娯楽番組など解読不要な「大衆的テクノ画像」の区別が存在する。後者はあたかも情景を映した伝統的な画像であるかのように見えるため、「読むこと」を習得しなくても読めると大衆は信じてしまう。大衆だけでなく、ポストマン（↓10）やメイロウィッツ（↓24）など、そう理解するメディア研究者が多い。

ここにテクノ画像の「騙し」のトリックがある。「映画を理解している」、「テレビを批判的に読んでいる」、そう信じることは危ないとフルッサーは警告する。テクストの読者はテクストの外部に立って読めた（＝考えることができた）が、円形劇場型コミュニケーションでテクノ画像を受信する者にこうした外部はない。このコードでの自己観察（レフレクション）は極めて難しい。フルッサーは、現状のまま進めば「全人類が〈オペレーター〉になってしまうような限界状況」もありうると考えていた。今日、iPhone発売（二〇〇七）以後のスマートフォンの普及により、この限界状況はすでに現実となっている。私たちは「装置＋オペレーター複合体」としてテクノ画像を自由なき自由のなかで生産・消費している。はたして、その現状はフルッサーが予想した、希望と悪夢、二つのシナリオのどちらに近いだろうか。ポストヒストリー的全体主義に向かっていないと言えるだろうか。

　そうした全体主義を回避するためにテクノ画像の新たな読解法（テクノイマジネーション）も本書は提示している。テクスト時代に真実の探求は「客観」をめざすことだったが、テクノ画像の制作には必ず操作がともなう以上、テクノイマジネーションに「客観的視点」を求めることはできない。真／偽、現実的／非現実的という枠組みは無効であり、認識（科学）・意欲（政治）・体験（芸術）の区分も意味をなさない。テクスト時代の真実を前提とするなら、テクノ画像の時代を「ポスト真実」の時代と言ってもまちがいではない。

　こうした「非進歩的・非歴史的な未来」を拒否して線形的なコードの世界、つまり近代のイデオロギーに引き籠ろうとするものは、本書が書かれた一九七〇年代よりも今日の知識人に多いのかもしれない。彼らは全体主義を回避する新たなコードの探求という自らに寄せられた期待に目を背けているだけではないのか。

テクノイマジネーションにおける真実の探求とは、他者に向かって手を伸ばすこと、他者と合意する試みである。つまり、真実は「認識論的」であることをやめ、再び（しかし、まだ予想できない意味で）「信仰的」になる、とフルッサーはいう。私は本書を最も良質なポストモダンのメディア論だと思う。

Vilém Flusser, *Kommunikologie*, Bollmann Verlag, 1996.

（邦訳：村上淳一訳、東京大学出版会・一九九七）

29　マーシャル・マクルーハン『メディア論』（原著刊行　一九六四）――人間の拡張の諸相

マクルーハン（一九一一―一九八〇）トロント大学教授。ケンブリッジ大学留学後、カトリックに改宗。狭義の「メディア論」とはマクルーハン理論。

†メディアはメッセージである。

本書がメディア論の古典中の古典であることに異論はないだろう。メディアを人間の感覚の外的拡張としてとらえたことも、コミュニケーションにおいて重要なのは「内容（メッセージ）」ではなく「形式（メディア）」である（メディアはメッセージである）と宣言したことも、状況への関与と参加の高低を意味する「クール／ホット」で各メディアを比較考量してみせたことも、いずれも意義深い。それはメッセージ研究（内容分析＝効果論）から比較ミディウム研究（異なる媒体によって生みだされる異なる文化環境の分析＝メディア論）への研究パラダイムの大転換を意味した。

とはいえ、はっきり言っておこう。本書は読みづらい。特に基本的枠組みを示した第一部は、因果関係で思考する歴史家に不向きな叙述である。これまで私自身、アルファベットと同じ26種の各メディア――言葉、道路、衣服、貨幣、兵器から自動機械まで――を論じた第二部から、新聞、映画、ラジオの節などを必要に応じて摘み食いしてきた。今回、じっくりと通読するまで、とても「マクルーハンを読んだ」とはいえなかった。

そんな私にしても、『『キング』の時代――国民大衆雑誌の公共性』（二〇〇二）の冒頭で「メディアはメッセージである」というマクルーハンの定言を掲げている。日本初の百万部雑誌『キング』を比較メディア論として考察したわけだが、もし本書の次のような文章に出会わなければ、「『キング』は「楽耳王（ラジオ）」である」と言い切ることは出来なかった。

「印刷は十六世紀になると個人主義と国家主義を生み出した。プログラムと「内容」をいくら分析してみても、これらのメディアの魔術あるいはその潜在的攻撃にはなんの手がかりも得られない。」

確かにメディアの効果を「内容」から分析することには限界がある。一四五五年マインツで活字印刷術を始めたグーテンベルクは、ルターの宗教改革の前提として語られることが多いが、彼こそルターが糾弾した「免罪符」の印刷人であり、彼を有名にした『四二行聖書』はローマ教会定訳のラテン語版であった。ここでも印刷物の「内容」が問題ではないことは明らかだろう。

また、私が大衆雑誌『キング』を「ラジオ的・トーキー的雑誌」と呼ぶとき、次の言葉は一つの啓示であった。

「メディアがわれわれの感覚の拡張したものであって、相互に作用し合うとき、われわれの感覚のあいだだけでなく、メディア同士のあいだにも、新しい比率を打ち立てる、ということである。ラジオはトーキーとなって活動写真のイメージを変えたように、ニュース・ストーリーの形式も変えた。テレビはラジオの番組編成にも、事件小説すなわちドキュメンタリー小説の形式にも決定的な変化をもたらした。」

マクルーハンによれば、人間の拡張として外化したメディアは、人間の諸感覚に反作用して新しい経験と社会関係の形式を生みだす。メディア論とは、この形式が複雑に相互作用する歴史の考察である。ただし、基軸となるメディアはアルファベット書字―グーテンベルク印刷―エレクトロニクス技術であり、文字以前の「聴覚人間」が印刷によって「視覚人間」になり、テレビの登場によって「視聴覚人間」あるいは「触覚人間」に変貌していく様子を本書は描き出している。

†ホットなメディアとクールなメディア

「内容」ではなく「形式」を分析する道具立てとして、「ホット/クール」が示されている。まず、マクルーハン自身の定義を引いておこう。

「ラジオのような「熱い（ホット）」メディアと電話のような「冷たい（クール）」メディア、映画のような熱いメディアとテレビのような冷たいメディア、これを区別する基本原理がある。熱いメディアとは単一の感覚を「高精細度（ハイデフィニション）」で拡張するメディアのことである。「高精細度」とはデータを十分に満たされた状態のことだ。写真は視覚的に「高精細度」である。漫画が「低精細度（ロウデフィニション）」なのは、視覚情報があまり与えられていないからだ。（……）一方、熱いメディアは受容者によって補充ないし補完されるところがあまりない。したがって、熱いメディアは受容者による参与性が低く、冷たいメディアは参与性あるいは補完性が高い。だからこそ、当然のことであるが、ラジオはたとえ電話のような冷たいメディアと違った効果を利用者に与える。」

つまり、情報が目いっぱい詰まっているホットなメディアでは、受け取る側で何かを補う必要はなく単一感覚で処理されるため参与性は低い。他方、情報の目が粗いクールなメディアでは、受け手は全身の感覚を駆使してその意味を補う必要があるため参与性は高くなる。右に引用した映画／テレビ、写真／漫画、ラジオ／電話以外にも、「ホット／クール」は次のような対比で登場する。表意文字／表音文字、書き言葉／話し言葉、パピルス／石碑、講義／演習、書物／対談、論文／警句、先進国／後進国、都会人／田舎人、機械時代／電気時代、ワルツ／ツウィスト、ラジオ時代のジャズ／テレビ時代のジャズ、都会／町村、ナイロンのストッキング／シルクのストッキング、一九二〇年代／一九三〇年代、新聞／テレビ、演奏放送／リハーサル放送、印刷本／写本……などである。

ルーズヴェルト／クーリッジの両大統領が対比されているように、人間もメディアである。ルーズヴェルトと同じくラジオ的人間であったヒトラーも、熱い政治家である。だから、彼らはテレビ時代に成功する政治家ではない。

「テレビは冷たいメディアである。熱い人物、熱い問題、熱い新聞メディアからの人物を拒否する。（……）ヒトラーの統治下にテレビが大規模に普及していたら、彼はたちまち姿を消していたことだろう。テレビが先に登場していたら、そもそもヒトラーなぞは存在しなかったろう。」

熱いラジオで熱く演説したヒトラーとちがって、ルーズヴェルトは熱いラジオを「炉辺談話」という冷たいプロパガンダ形式で利用するすべを心得ていた。ヒトラーと同じくルーズヴェルトが語る内容――たとえば「四つの自由」などの理想論――をマクルーハンが評価していたわけではない。ただ、ルーズヴェルトが熱いラジオで冷たく語った形式の効果は高く評価している。だから、ルーズヴェルトと同じように、マクルーハンも熱い書物で冷たく叙述したのだろう。実際、本書の内容を理解できた人は少ないが、だからこそ大ベストセラーになったのである。

電気時代において重要なのは、思想ではなく効果である。当然ながら、ルーズヴェルトもヒトラーもその成功因はメッセージではなくメディアなのだ。

「ヒトラーがそもそも政治上の人物になったということ自体が、直接にはラジオと拡声装置のおかげであった。といっても、これらのメディアがヒトラーの思想をドイツ国民に効果的に伝えたという意味ではない。彼の思想などは、ほとんど重要ではなかった。」

ラジオは聴覚的メディアだったが、テレビは視聴覚的メディアというより全身を包み込む触覚的メディアである。ラジオ聴取者はともかく、テレビ視聴者を受動的だと見なす文筆的知識人の大衆文化批判をマクルーハンは戯言(たわごと)と切り捨てる。

「テレビは何よりも、創造的、参加的反応を要求するメディアである。」

マクルーハンにおけるテレビ視聴者イメージは、カルチュラル・スタディーズの能動的視聴者(アクティブ・オーディエンス)に近い。どちらも知的起源としてはエリオットやリーヴィスの『スクルーティニー』派であり、乗り越えるべき敵手(あいて)がアメリカ流のマス・コミュニケーション研究(↓4)だったとすれば、それも不思議ではない。

†「地球村」の未来史

本書が刊行されたのは、東京オリンピックが開催された一九六四年である。史上初となるオリンピック衛星中継のリハーサルとして、前年一一月二三日に初めて中継されたのはケネディー大統領暗殺の臨時ニュースだった。パソコンもインターネットもまだ存在しない当時、マクルーハンは「テレビ時代の予言者」として受容された。視覚中心、つまり活字メディア中心の近代の限界を指摘した本書は、電子メディアが切り開く未来への希望として読まれたことも確かである。ちょうど書籍の製作流通プロセス（著述／編集／植字／印刷／製本／販売）が分業化されているように、視覚に偏した近代は細分化した専門家システムを生み出した。これに対して、マクルーハンは電子メディアの地球村（グローバル・ヴィレッジ）が新しい全体的人間を生み出すことを期待していた。

「光がエネルギーであると同時に情報であるように、電気によるオートメーションは、生産、消費、学習を、分かちがたい一つの過程に統一する。このために教師はすでに合衆国経済の中で最大の従業者集団を形成しており、将来は唯一の集団となる可能性さえある。」（強調は原文）

こうした情報社会＝教育社会の予言は、ユネスコが唱えた生涯学習論（一九六五）とも連動していた。また、「ウェブ」「モザイク」などマクルーハン特有の表現が今日のインターネット文化の基礎用語となったこともあり、本書は「インターネット時代への預言書」として読まれてきた。預言とは聖霊を受けて神託を述べることである。

「機械の時代に、われわれはその身体を空間に拡張していた。現在、一世紀以上にわたる電気技術を経たあと、われわれはその中枢神経組織自体を地球規模で拡張してしまっていて、わが地球にかんするかぎり、空間も時間もなくなってしまった。急速に、われわれは人間拡張の最終相に近づく。」

マクルーハンが「最終相」として見ていたものは明らかだろう。ケンブリッジ留学後の一九三七年に二六歳でカトリックに改宗している。非文字社会から活字社会をへて電子メディアの地球村へという発展段階論には、終末論的なメタ・ヒストリーが存在している。すなわち、「エデンの園」である閉鎖的部族社会の人間は、活字という「知恵（理性）の実」を食べて国民化したが、電子メディアの福音によって「地球村」という楽園が回復される、という救済史観である。そのためマクルーハンにおいて、活字が生みだした視覚的な「近代」は決して肯定的な時代ではない。彼が「原初の感情と情緒」を回復させるテレビの触覚的要素に過剰な期待を寄せた理由は、プロテスタント的な活字文化への反発ゆえであったろう。黙読への精神的集中は、マックス・ヴェーバーが『プロテスタンティズムの倫理と資本主義の精神』（原著一九〇五、岩波文庫）で示したような産業主義の禁欲的倫理とともに広まった。聖書の黙読を聖餐祭儀の朗誦より評価する新教的文化に対するマクルーハンの批判は、地球村という「新しい中世」復活の予言でもあった。冷戦終結後の情報社会で楽園への進歩史観を謳歌できたのは、マクルーハン主義者だけだと言ってもよい。

しかし、その楽園は本当に明るいものだろうか。本書でコンピュータは最終節「オートメーション」でごくわずかに語られている。自動車のオートメーション工場を制御するコンピュータ用パネルをマクルーハンは「教会の聖書台ぐらいの大きさ」と形容している。

「逆説的に聞こえるかもしれないが、オートメーションは一般教養教育（リベラル・エジュケーション）を必須のものとする。自動制御機構の電気時代は、突如として、先行する機械時代の機械的、専門分化的労役から人間を解放する。ちょうど機械と自動車が馬を労役から解放して、娯楽の分野に投げ入れたように、オートメーションは人にたいして同じ役割を果たす。われわれは突如として自由という脅威にさらされ、社会において自己雇用をおこない、想像力によってそこに参加していく内的能力に重い負担を課せられることになる。」

今日の情報社会を、半世紀以上も前にかなり正確に見通していたことになる。娯楽となる労働とは、物質やサービスを直接生み出す労働でなく、情報やデータなど無形のものを活用する認知的労働のことである。マクルーハンは新聞であれ、テレビであれ広告媒体（メディア）へのアクセスが「有給学習」「有給雇用」だと喝破していた。

「この事実にもっと早く気づくことができなかったのは、一つには、機械と産業を中心にした世界では、情報の処理と伝達は主要事業にならなかったためだ。しかし、電気を中心にする世界では、容易にそれは支配的事業となり、富の手段となる。(……)「情報(インフォメーション)」こそが肝心の商品であって、有形の生産品は情報の移動を助ける付随物にすぎない」。

私たちがウェブで検索することも、SNSにメッセージを書き込むことも、個人データという情報財を生産する認知的労働なのである。それは余暇や消費活動をふくめ人間の生活を丸ごとビジネスに取り込むシステムの労働である。地球全体に張り巡らされたウェブ上で全世界人口が生産するビッグデータこそ、グローバルIT企業の富の源泉にほかならない。それは利用者の検索や書き込みという「娯楽」、つまり自由な認知的労働によって拡大を続けている。本書の預言書としての魅力は、ますます増大していくのかもしれない。

Herbert Marshall McLuhan, *Understanding Media: the Extensions of Man*, McGraw-Hill, 1964.
(邦訳:栗原裕・河本仲聖訳、みすず書房・一九八七)

30　ピエール・バイヤール『読んでいない本について堂々と語る方法』（原著刊行年　二〇〇七）――教養主義のメディア論

バイヤール（一九五四―）精神分析家、パリ第八大学教授。エコール・ノルマル・シュペリウールに学ぶ。『アクロイドを殺したのはだれか』など。

†「完全な読書」幻想からの脱出

「名著30」のラストを何にするか、大いに迷った。このシリーズは読書案内でもあるわけだから、読書案内のメディア論も必要だろう。ふざけたタイトルと眉を顰（ひそ）めるむきもあろうが、書物の内容より形式、真偽より効果を論じた良質のメディア論である。バイヤールは読書の厳格主義を三つの規範――「神聖な読書」、「通読」、「正確な再現」の義務――で定義している。そして、この規範は読書への自己欺瞞を生み出すために有害だという。

一九八〇年京都大学に入学した私は、まだこの厳格主義の信者だった。文章は最初から終わりまで通読されるべきであり、内容は正確に理解されねばならない、と受験国語で刷り込まれてきた。当然、蔵書もいずれ全て読破すべきものと考えていた。それゆえ書物であふれた「先生の研究室」に初めて入ったときの感動は大きかった。

いまも脳裏に焼き付いているのは、新入生として京都大学教養部（現・総合人間学部）の野田宣雄研究室で目にした光景である。天井までとどくスチール書架に詰め込まれた洋書、テーブルに山積みされたブルクハルト全集……。そうした読書空間で生活することに私は憧れていた。ドイツ現代史を学んでいた学部生時代、野田先生の研究室から英語やドイツ語の研究書をしばしば借用した。どの本の余白にも鉛筆でうすく印がつけてあり、先生が読んでいることがわかった。初修外国語であるドイツ語の論文は、辞書を引きながら毎日一、二ページを読むのが精一杯だった。

「毎日数ページしか読めないのですが、そんなことで研究者になれるでしょうか？」

ソファーに深く腰を掛けた先生はこんな話をされた。その背後の窓からは京大のシンボル、時計台が見えていた。

「君は日本語の本なら本当にすべて理解できていると言えますか。そんなことはないでしょう。でも、ふつうは国語辞書を引きながら読んだりしない。洋書も同じですよ。わからないことがあるのは当然だけど、そこで止まる必要はない。しょせん、論文で使えるのは、自分がよくわかったことだけなのだから。」

もう四〇年近く前のことだから、その発言を正確に再現できたという自信はない。しかし、この会話で私が救われたことは確かである。いま思えば、それが「完全な読書」幻想からの脱出口だった。

バイヤールによれば、プルーストをまともに読んでいないフランス文学者はめずらしくない。むろん、マクルーハンをまともに読んでいないメディア論者もいよう。すでに告白したように、私自身、今回はじめて『メディア論』（↓29）を熟読した。もちろん、私の講義「メディア文化学概論」でもこれまでもマクルーハンに言及してきた。厳格主義の規範からすれば「読んでいない本について堂々と語る」講義を私は実践していたわけである。だが、『メディア論』を熟読する以前と以後で私のマクルーハン理解が大きく変わったわけではない。どれほど厳密に読んでも内容をすべて記憶しているわけではないのである。読書とは本質的に不完全な情報行動である。流し読みはもちろん、目次を、いやタイトルを眺めるだけでも「読んだ」と言えるのではないか。

こうした「不完全な読書」は悪いことだろうか。まず概論の講義に必要なのは学問領域全体の展望であり、個別の文献に書かれたディテールではない。教養とは全体の見晴らしの良さを保証するもので、それは断片的知識の集積に還元できない。バイヤールはムージル『特性のない男』に登場する図書館司書の次の言葉を、書物間の位置関係という本質をつかむための「能動的態度」として引用する。

「有能な司書になる秘訣は、自分が管理する文献について、書名と目次以外は決して読まないことだというのです。」

メディア接触時間に限りがある以上、ある本を読むことは別の本を読まないことである。蔵書の全体を知る必要がある司書なら個別文献に固執すべきではない。この姿勢は図書館だけでなく、一冊の書物にも適用できる。

「読む行為はつねに「読まない行為」を裏に隠しているのだ。「読まない行為」は意識されないが、われわれはそれをつうじて別の人生では読んだかもしれないすべての本から目を背けているのである。」

†読書人公共圏としての「ヴァーチャル図書館」

実際、私たちが書物を話題にする場合、すべて読了した上で論じているだろうか。そして書物を論じるという行為は、書物自体の内容と不可分なものだろうか。そんなことはないはずだ。自分の考えを語るきっかけとして、あるいはそれを補強する素材として書物を引用することが多い。そのために流し読みが実践され、書評など他人の言説も活用される。バイヤールは、それを話者が自己を投影する「スクリーンとしての書物」と呼ぶ。

「われわれが話題にする書物は、「現実の」書物とはほとんど関係がない。それは多くの場合〈遮蔽幕（スクリーン）としての書物〉でしかない。」

こうした書物への自己投影を繰り返すことで個々人は「内なる図書館」をそれぞれ持つようになる。この「内なる図書館」をアイデンティティの中核とする人間こそ読書人であり、その集合的イメージ「共有図書館」が教養の主観的実体なのである。

「内なる図書館」をもつ読書人が具体的書物について語り合い、「共有図書館」のイメージを豊かにしてゆくコミュニケーション空間（公共圏）をバイヤールは「ヴァーチャル図書館」と名付けている。それが仮想的（ヴァーチャル）と形容される理由は、この空間では相手がほんとうに読んだかどうかを問うことが禁じられているからである。

「このあいまいな社交空間は学校空間の対極にあるといえる。学校空間というのは、そこに住む生徒たちが課題とされた書物をちゃんと読んでいるかどうかを知ることが何よりも大事とされる空間である。そこには完全な読書というものが存在するという幻想が働いている。」

そもそも同じ内容を同じ時間に同じメンバーが読むという状況も、「教室」以外では想定しがたい。私たちが書物について語り合う公共圏は、相手も読んでいるだろうと勝手に、あるいは善意に解釈する「遊戯の空間」であり、国語試験のような正誤、真偽のロジックにはなじまない。読書の創造性も、遊戯的な解釈の自由度に保証されている。こうした公共圏において重要なのは、書物、すなわち「他人の言葉」を通じて自分自身について語ること、つまり自ら「内なる書物」を著わすことへの試みである。まだ読んでいない本とは現前する「他者」であり、それについて語ろうとする試みは自己発見の可能性を秘めた対話的コミュニケーションなのである。

バイヤールは「遮蔽幕としての書物」―「内なる書物」―「幻影としての書物」の所蔵先を、それぞれ「共有図書館」―「内なる図書館」―「ヴァーチャル図書館」と呼んでいる。

「各人に固有の幻想と私的伝説で織りなされているこの個人的な〈内なる書物〉は、われわれの読書欲の牽引役である。われわれが書物を探したり、それを読んだりするのは、この〈内なる書物〉があるからにほかならない。」

書物についての会話がうまく成立し難いとすれば、それは各人が異なる「内なる書物」をもつためである。当然、同じ書物であっても作家の「内なる書物」と読者の「内なる書物」の間でディス・コミュニケーションは起こりうる。逆にいえば、相手の「内なる書物」を理解できたとき、教養に資する真の対話が可能になる。読者が自らの「内なる書物」を起点として構築する「遮蔽幕としての書物」同士が出会う場に出現するのが「幻影としての書物」である。

「書物において大事なものは書物の外側にある。なぜならその大事なものとは書物について語る瞬間であって、書物はそのための口実ないし方便だからである。ある書物について語るということは、その書物の空間よりもその書物についての言説の時間にかかわっている。」（強調は原文）

なぜ空間より時間かといえば、「本との出会い」はなによりも読者が「自伝」を書くためのプロセスだからである。

「読書のパラドックスは、自分自身に至るためには書物を経由しなければならないが、書物はあくまで通過点でなければならないという点にある。良い読者が実践するのは、さまざまな書物を横断することなのである。良い読者は、書物の各々が自分自身の一部をかかえもっており、もし書物そのものに足を止めてしまわない賢明さをもち合わせていれば、その自分自身に道を開いてくれるということを知っているのだ。」（強調は原文）

つまり重要なのは、読書そのものではなく自分自身について記述することである。そのためには自らの「内なる図書館」を豊かにすることが必要となるが、まだ読んでいない本について語る行為は、この自己発見の可能性をも超えて、「ヴァーチャル図書館」という公共圏の担い手となる創造的な営みである。

また、読書について真偽は問わないというバイヤールの姿勢は、極めてメディア論的である。メディア研究の主要関心は読者への効果であり、影響力の大小だからである。そもそも書物の意義は、作者よりも読者によって決定されている。その書物が「名著」かどうか、「良書」かどうかを決めるのは、著者の力量ではなく読者の態度なのである。書物もメディアである以上、スチュアート・ホールの暗号化（エンコード）／解読（デコード）モデルが適用できる。アクティブ・オーディエンスは「テレビの読み手」と意訳できるように、そうした受け手の能動性は書物閲読にも当てはまる。読者が採用する解読コードによって同じ本は良書にも悪書にもなるわけである。

いうまでもなく、読み書き能力（リテラシー）とは、読解と記述との一体性、つまり読者が著者となる可能性を示す教育的概念である。それゆえ、読んでいない本についての言説は、自分自身について語ること、すなわち読者が自ら創作者（著者）になるプロセスに開かれている。このように互いに異なった「内なる書物」を備えた読書人の間で対話が成立するとき、「ヴァーチャルな図書館」は創造的空間として立ち現れる。

この『メディア論の名著30』を私が書いている目的も、まず「読者が自ら創作者（著者）になるプロセス」を自らの体験として開示するためであり、それは読者（身近なところでは学生や院生）との対話を成立させるためなのである。

†デジタル空間における教養の危機

こうしたバイヤールの議論をデジタル空間の読書でも同じように展開してよいだろうか。バイヤールは「脱神聖化した書物」を、物理的書物とそれを読む読者の間、さらには各読者の間にある「非物質的な、意味の集合体」と定義している。それは一見すると、デジタル空間での電子ブックがデフォルトとなる未来の読書にも適用可能なように思える。果たして本当にそうだろうか。

蔵書として読書履歴が蓄積される紙の書物は例外的なストック・メディアである。子供のころ私は学校で友だちに「見ていないテレビ番組を堂々と語る」ことができた。新聞のラテ欄を読み、会話をリードできたからである。テレビのようなフローなメディアでは本当にアクセスしたかどうかを証明することは書物以上に難しい。一方、電子ブックへのアクセス履歴は正確に残るとしても、本当に読んだかどうかはこれまで以上に茫漠としている。

その上で、読書人の「内なる図書館」にとって電子ブックが紙の本と同じ書物といえるだろうか。紙の本がリアルな単体として外在する意義は一般に考えられる以上に大きいはずだ。紙の本で読者は「他者」の全体性を自然に体感することができた。しかし、電子ブックで読者が対面するのはいつも同じモニターに映るまとまりを欠いた文字データである。その断片的データからリアルな「他者」を再構成する作業は予想以上にむずかしいはずだ。それこそが典拠の註が必須の学術論文においてさえ、「不注意な」コピーペーストが横行する一因となっている。

また、電子ブックの読書では「他者」との対話を必要としない自己中心的な世界に逃避しようとする誘惑も強い。他者イメージを中抜きしたウェブ上のコミュニケーションが、サイバーカスケード（集団極性化）を誘発しがちなことも知られている。

だとすれば、デジタル空間では「共有図書館」、すなわち教養のイメージがますます貧困化してゆく可能性も否定できない。創造的な教養人の公共圏を守るためにも、紙の本の保護政策はやはり必要なのだろう。

訳者はあとがきで「自分が持っている本の三分の一も読んでいない。いや五分の一かもしれない」と述べている。私自身「メディア史研究とは文化のゴミ箱あさりである」と公言しており、新聞や雑誌をコピーし、それを解読する作業に多くの時間を費やしてきた。「名著」を読む時間は限られている。「完全な読書」基準を適用するなら、自宅の蔵書も含め、購入書のうち読んだと言えるのは十分の一にも達しないだろう。しかし、それも無駄ではない。この間、私の読書生活のガードレールとなって方向を示してくれたのは、むしろ未読の蔵書だったのだから。いま何を読むかは、原稿依頼など外的条件にも規定される。しかし、私自身の選択は書架に眠る未読本によって無意識のうちにも決められている。だから、学生にいつもこう言う。「読まなくてもいい。読むべき本は買っておきなさい」。

Pierre Bayard, *"Comment parler des livres que l'on n'a pas lus?"*, Minuit,2007.

（邦訳：大浦康介訳　ちくま学芸文庫・二〇一六）

あとがき

本書の執筆依頼をうけてから五年になるだろうか。書き始めることがなかなかできなかった。書評は読むのも書くのも好きである。「古典」の解説文も頼まれれば、ほぼすべて引き受けてきた。いまひとつ機が熟していなかったというよりほかに理由はない。

名著とよばれる本は無数にある。そして、私が読むべき未読の本は書斎にも研究室にもあふれている。それゆえ、一度読んだ本を二度、三度読むということを私は極力避けてきた。その意味でも、「名著」候補本を最初から最後まで読み直す作業は、私にとっては異例のことである。

一九六〇年一〇月生まれの私は、本書刊行時には還暦を迎えている。そろそろ研究室や自宅の書斎に山積した大量の書物の整理が必要だな、と思っていた。何を残すべきか、今後も使う可能性があるのかどうか。それを考える上で、メディア研究者である私にとって、「名著」とは何だったのか、それは避けて通れない問いであった。だが逆に言えば、還暦を前に、自らの来し方を考える機会がなければ、この問いに向き合うことは難しかったかもしれない。とはいえ、いずれは書きたいという気持ちは強かった。このシリーズの一冊、竹内洋『社会学の名著30』を二〇〇八年五月四日付『讀賣新聞』読書欄で書評していたからである。全文を引用しておきたい。

＊

著者が長らく勤めた京都大学には放任主義の伝統がある。学生を手取り足取り指導するより、自らの研究する姿を着飾ることなく晒すことが重要な教育実践である。研究が楽しくて仕方ない教師を傍らで目にすることで、学生は学問の「面白さ」を体得する。福澤諭吉の「似我の主義」にも通じる理念だが、さり気なく「我に似よ」と後進を惹きつける大学教師は、残念ながらそう多くは存在しない。

『日本のメリトクラシー』『教養主義の没落』など「面白い」社会学を量産した著者は、そうした良き学風の体現者である。まさしく「似我の書」である本書を、かくの如くでありたい、そう思って私は読み始めた。

佐渡島での中学校時代の回想に重ねられたウィリス『ハマータウンの野郎ども』、高校時代に「聖典のように読んだ」マルクス『共産党宣言』、大学入学の半年後に「引き込まれた」ヴェーバー『プロテスタンティズムの倫理と資本主義の精神』、大学二回生で受講した作田啓一の『価値の社会学』、大学院での指導教授・姫岡勤の『家族社会学論集』など、「竹内社会学」の来歴が読書記録から明らかにされている。

また、著者が卒業論文で扱ったマートンやパーソンズの機能主義の関連書が退けられていることと、バーガーとブルデューだけが著書と共著で二冊取り上げられていることなど、特有の社会学理解も色濃く反映している。とはいえ、文字通りの古典であるデュルケーム『自殺論』から、最新の話題作パットナム『孤独なボウリング』まで目配りもバランスよく、社会学入門書としても優れている。最良の入門書として筆頭に掲げられたバーガー『社会学への招待』へのコメントは、そのまま本書にも当てはまる。

「社会学には目もくらむ効用はないかもしれないが、ちょっとした苦痛がやわらげられ、人生を少しばかり明るくすることができる（とおもいたい）」

＊

それゆえ「ちくま新書の一冊」アンケート（二〇一四）でも『社会学の名著30』を私は挙げている。本書の執筆依頼を受けたのは、そのアンケートの直後だった。「はじめに」で書いたように、「名著」の選書方針で悩んだあげく、結局たどり着いたのは「あのような本が書きたい」という思いだった。

現在、私はかつて竹内洋先生がいた教育社会学講座に属しており、旧竹内研究室を使用している。とはいえ、教育社会学者でも竹内ゼミ出身者でもないので、残念ながらその学統の継承者を名乗る資格はない。だが幸いなことに、共編著の『日本主義的教養の時代』(柏書房)や『日本の論壇雑誌』(創元社)に結実する共同研究会で楽しい酒席をご一緒した経験はある。そのためその知的闊達な気風が滲み出た『名著30』を読んだときから、いつか自分もそんな本を後進のために残したいと思っていた。私の著作の中では『ヒューマニティーズ　歴史学』(岩波書店)と並ぶ「教育的」作品でもある。

執筆中、名著の内容をふりかえりながら、私のゼミでその本を報告した学生や院生の顔も脳裏に浮かんだ。報告者のレジュメが本の扉に挟みこまれていることも多く、懐かしかった。ゼミで一緒に読んだ学生、院生諸君に、まず感謝したい。

この「名著」を集中的に読むのは想像以上に大変だったが、振り返れば楽しい作業だった。「はやりもの」の中には「ハズレもの」も多い。しかし、これはハズレのない読書であり、執筆の過程で同じ著者の別作品や関連本にも新たに接することができた。なんだかすごく勉強している、若々しい学生の気分を味わった。その意味でも還暦記念にふさわしい仕事である。

なお、名著7の加藤秀俊『文化とコミュニケイション』については『アリーナ』第一二号(中部大学総合学術研究院、二〇一一)の特集「加藤秀俊をめぐる環」に寄せた「〝コミュニケイション史〟の構想」を利用した。また名著17のクラカウアー『カリガリからヒトラーへ』については筒井清忠編『歴史社会学のフロンティア』（人文書院、一九九七）の第一部「歴史社会学の代表作」に寄せた旧稿に手を加えた。筒井先生が主宰されていた歴史社会学研究会では大学時代から多くのことを学んだ。この機会に改めて学恩への御礼を申し上げたい。また、名著30のバイヤールについては、『三田評論』二〇二〇年五月号の特集「新・読書論」に寄稿した「「完全な読書」が消える未来？」に加筆した。同誌発行人の大石裕・慶應義塾大学教授のお声かけで執筆したものである。ご厚誼に感謝したい。

本書は筑摩書房編集部の石島裕之さんのお世話になった。同じちくま新書で『八月十五日の神話』（現・ちくま学芸文庫）を担当いただいてからちょうど十五年の月日が流れたことになる。ありがとうございました。

二〇二〇年八月一五日

佐藤卓己

ちくま新書
1530

メディア論の名著30

二〇二〇年一一月一〇日　第一刷発行

著者　佐藤卓己（さとう・たくみ）
発行者　喜入冬子
発行所　株式会社　筑摩書房
東京都台東区蔵前二-五-三　郵便番号一一一-八七五五
電話番号〇三-五六八七-二六〇一（代表）
装幀者　間村俊一
印刷・製本　三松堂印刷　株式会社

ISBN978-4-480-07352-5 C0200

ちくま新書

776 ドゥルーズ入門　檜垣立哉

没後十年以上を経てますます注視されるドゥルーズ。哲学史的な文脈と思想的変遷を踏まえ、その豊かなイマージュと論理を読む。来るべき思想の羅針盤となる一冊。

832 わかりやすいはわかりにくい？——臨床哲学講座　鷲田清一

人はなぜわかりやすい論理に流され、思い通りにゆかず苛立つのか——常識とは異なる角度から哲学的に物事を見る方法をレッスンし、自らの言葉で考える力を養う。

1281 死刑　その哲学的考察　萱野稔人

死刑の存否をめぐり、鋭く意見が対立している。「結論ありき」でなく、死刑それ自体を深く考察することで、これまでの論争を根底から刷新する、究極の死刑論！

261 カルチュラル・スタディーズ入門　上野俊哉　毛利嘉孝

サブカルチャー、メディア、ジェンダー、エスニシティ、ポストコロニアリズムなどの研究を通してカルチュラル・スタディーズが目指すものは何か。実践的入門書。

532 靖国問題　高橋哲哉

戦後六十年を経て、なお問題でありつづける「靖国」を、具体的な歴史の場から見直し、それが「国家」の装置としていかなる役割を担ってきたのかを明らかにする。

578 「かわいい」論　四方田犬彦

キティちゃん、ポケモン、セーラームーン——。日本製のキャラクター商品はなぜ世界中で愛されるのか？「かわいい」の構造を美学的に分析する初めての試み。

1000 生権力の思想——事件から読み解く現代社会の転換　大澤真幸

我々の生を取り巻く不可視の権力のメカニズムとはいかなるものか。ユダヤ人虐殺やオウム、宮崎勤の犯罪など象徴的事象から、現代における知の転換を読み解く。

1259 現代思想の名著30 仲正昌樹
近代的思考の限界を超えようとした現代思想。難解なものが多いそれらの名著を一気に30冊解説する。知っているつもりになっていたあの概念の奥深さにふれる。

1343 日本思想史の名著30 苅部直
古事記から日本国憲法、丸山眞男『忠誠と反逆』まで、日本思想史上の代表的名著30冊を選りすぐり徹底解説。人間や社会をめぐる、この国の思考を明らかにする。

457 昭和史の決定的瞬間 坂野潤治
日中戦争は軍国主義の後ではなく、改革の途中で始まった。生活改善の要求は、なぜ反戦の意思と結びつかなかったのか。日本の運命を変えた二年間の真相を追う。

1136 昭和史講義 ――最新研究で見る戦争への道 筒井清忠編
なぜ昭和の日本は戦争へと向かったのか。複雑きわまる戦前期を正確に理解すべく、俗説を排して信頼できる史料に依拠。第一線の歴史家たちによる最新の研究成果。

1385 平成史講義 吉見俊哉編
平成とは、戦後日本的なものが崩れ落ち、革新の試みが挫折した30年間だった。政治、経済、雇用、メディア。第一線の研究者がその隘路と活路を描く決定版通史。

1398 感情天皇論 大塚英志
被災地で、戦場跡で、頭を垂れ祈る――。明仁天皇の「象徴としての行為」を、国民のため心をすり減らす「感情労働」と捉え、その誕生から安楽死までを読みとく。

744 宗教学の名著30 島薗進
哲学、歴史学、文学、社会学、心理学など多領域から宗教理解、理論の諸成果を取り上げ、現代における宗教的なものの意味を問う。深い人間理解へ誘うブックガイド。

ちくま新書

1326 仏教論争 ——「縁起」から本質を問う 宮崎哲弥

和辻哲郎や三枝充悳など、名だたる知識人、仏教学者が繰り広げた、縁起をめぐる戦前・戦後の論争。犀利な分析を通して、その根本を浮かび上がらせた渾身作!

399 教えることの復権 大村はま 苅谷剛彦・夏子

詰め込みかゆとり教育か。今再びこの国の教育が揺れている。教室と授業に賭けた一教師の息の長い仕事を通して、もう一度正面から「教えること」を考え直す。

1451 大学改革の迷走 佐藤郁哉

シラバス、PDCA、KPI……。大学改革にまつわる政策は理不尽、理解不能なものばかり。なぜそういった改革案が続くのか? その複雑な構造をひもとく。

465 憲法と平和を問いなおす 長谷部恭男

情緒論に陥りがちな改憲論議と冷静に向きあうには、そもそも何のための憲法かを問う視点が欠かせない。この国のかたちを決する大問題を考え抜く手がかりを示す。

655 政治学の名著30 佐々木毅

古代から現代まで、著者がその政治観を形成する上でたえず傍らにあった名著の数々。選ばれた30冊は混迷を深める時代にこそますます重みを持ち、輝きを放つ。

1071 日本の雇用と中高年 濱口桂一郎

激変する雇用環境。労働問題の責任ある唯一の答えは「長く生き、長く働く」しかない。けれど、年齢が足枷になって再就職できない中高年。あるべき制度設計とは。

1223 日本と中国経済 ——相互交流と衝突の一〇〇年 梶谷懐

「反日騒動」や「爆買い」は今に始まったことではない。近現代史を振り返ると日中の経済関係はアンビバレントに進んできた。この一〇〇年の政治経済を概観する。

ちくま新書

1241 不平等を考える ——政治理論入門 齋藤純一

格差の拡大がこの社会に致命的な分断をもたらしている。不平等の問題を克服するため、どのような制度を共有すべきか。現代を覆う困難にいどむ、政治思想の基本書。

1408 自公政権とは何か ——「連立」にみる強さの正体 中北浩爾

単独政権が可能な自民党はなぜ連立を解消しないのか？　平和・福祉重視の公明党はなぜ自民党と連立するのか？　「連立」から日本政治を読み解く、初の本格的分析！

718 社会学の名著30 竹内洋

社会学は一見わかりやすそうで意外に手ごわい。でも良質の解説書に導かれれば知的興奮を覚えるようになる。30冊を通して社会学の面白さを伝える、魅惑の入門書。

757 サブリミナル・インパクト ——情動と潜在認知の現代 下條信輔

巷にあふれる過剰な刺激は、私たちの情動を揺さぶり潜在脳に働きかけて、選択や意思決定にまで影を落とす。心の潜在性という沃野から浮かび上がる新たな人間観とは。

772 学歴分断社会 吉川徹

格差問題を生む主たる原因は学歴にある。そして今、日本社会は大卒か非大卒かに分断されてきた。そのメカニズムを解明し、問題点を指摘し、今後を展望する。

817 教育の職業的意義 ——若者、学校、社会をつなぐ 本田由紀

このままでは、教育も仕事も、若者たちにとって壮大な詐欺でしかない。教育と社会との壊れた連環を修復し、日本社会の再編を考える。

939 タブーの正体！ ——マスコミが「あのこと」に触れない理由 川端幹人

電力会社から人気タレント、皇室タブーまで、マスコミ各社が過剰な自己規制に走ってしまうのはなぜか？『噂の眞相』元副編集長がそのメカニズムに鋭く迫る！

ちくま新書

606 持続可能な福祉社会 ——「もうひとつの日本」の構想 広井良典
誰もが共通のスタートラインに立つにはどんな制度が必要か。個人の生活保障や分配の公正が実現され環境制約とも両立する、持続可能な福祉社会を具体的に構想する。

800 コミュニティを問いなおす ——つながり・都市・日本社会の未来 広井良典
高度成長を支えた古い共同体が崩れ、個人の社会的孤立が深刻化する日本。人々の「つながり」をいかに築き直すかが最大の課題だ。幸福な生の基盤を根っこから問う。

1338 都心集中の真実 ——東京23区町丁別人口から見える問題 三浦展
大久保1丁目では20歳の87%が外国人。東雲1丁目だけで子どもが2400人増加。中央区の女性未婚者増は男性の倍。どこで誰が増えたのか、町丁別に徹底分析！

1445 コミュニティと都市の未来 ——新しい共生の作法 吉原直樹
多様性を認め、軽やかに移動する人々によるコミュニティはいかにして成立するのか。新しい共生の作法が、既存の都市やコミュニティを変えていく可能性を探る。

853 地域再生の罠 ——なぜ市民と地方は豊かになれないのか？ 久繁哲之介
活性化は間違いだらけだ！ 多くは専門家らが独善的に行う施策にすぎず、そのために衰退は深まっている。このカラクリを暴き、市民のための地域再生を示す。

941 限界集落の真実 ——過疎の村は消えるか？ 山下祐介
「限界集落はどこも消滅寸前」は嘘である。危機を煽り立てるだけの報道や、カネによる解決に終始する政府の過疎対策の誤りを正し、真の地域再生とは何かを考える。

937 階級都市 ——格差が街を侵食する 橋本健二
街には格差があふれている。古くは「山の手」「下町」と身分によって分断されていたが、現在もその構図は変わっていない。宿命づけられた階級都市のリアルに迫る。

ちくま新書

1014 学力幻想 小玉重夫
日本の教育はなぜ失敗をくり返すのか。その背景には、子ども中心主義とポピュリズムの罠がある。学力をめぐる誤った思い込みを抉り出し、教育再生への道筋を示す。

1212 高大接続改革——変わる入試と教育システム 山内太地／本間正人
2020年度から大学入試が激変する。アクティブラーニング（AL）を前提とした高大接続の一環。では、ALとは何か、私たち親や教師はどう対応したらよいか？

1337 暴走する能力主義——教育と現代社会の病理 中村高康
大学進学が一般化し、いま、学歴の正当性が問われている。〈能力〉のあり方が揺らぐ現代を分析し、私たちが生きる社会とは何なのか、その構造をくっきりと描く。

1451 大学改革の迷走 佐藤郁哉
シラバス、PDCA、KPI……。大学改革にまつわる政策は理不尽、理解不能なものばかり。なぜそういった改革案が続くのか？ その複雑な構造をひもとく。

1511 学力格差を克服する 志水宏吉
学力格差の実態はどうなっているのか？ それを克服するにはどうすればよいのか？「学力保障」の考え方や学校の取り組みなどを紹介し、解決に向け考察する。

1422 教育格差——階層・地域・学歴 松岡亮二
親の学歴や居住地域など「生まれ」によって、子どもの学歴・未来は大きく変わる。本書は、就学前から高校まで教育格差を緻密に検証し、採るべき対策を提案する。

399 教えることの復権 大村はま／苅谷剛彦・夏子
詰め込みかゆとり教育か。今再びこの国の教育が揺れている。教室と授業に賭けた一教師の息の長い仕事を通して、もう一度正面から「教えること」を考え直す。